Les régions de France

# Les environs de

# Paris... à pied®

### 50 PROMENADES & RANDONNÉES

À L'INITIATIVE DES COMITÉS
DÉPARTEMENTAUX DE LA RANDONNÉE
PÉDESTRE DE LA SEINE-ET-MARNE, DU VAL-DE-MARNE,
DE LA SEINE-SAINT-DENIS, DES HAUTS-DE-SEINE, DE PARIS,
DU VAL-D'OISE, DES YVELINES ET DE L'ESSONNE

www.ffrandonnee.fr

## Bien préparer sa randonnée

*Un PR agréé par le Comité départemental de la randonnée pédestre est un itinéraire attractif (paysages variés et curiosités naturelles ou historiques) et qui satisfait aux conditions de pérennité, de sécurité et de respect des milieux traversés.*

## QUATRE NIVEAUX DE DIFFICULTÉS À CONNAÎTRE

**Les randonnées sont classées par niveaux de difficulté. Elles sont différenciées par des couleurs dans la fiche de chaque circuit.**

**TRÈS FACILE** **> Moins de 2 heures de marche**

Idéal à faire en famille, sur des chemins bien tracés.

**FACILE** **> Moins de 3 heures de marche**

Peut être faite en famille, sur des chemins avec quelques passages moins faciles.

**MOYEN** **> Moins de 4 heures de marche**

Pour les randonneurs habitués à la marche. Avec quelquefois des endroits assez sportifs et/ou des dénivelées.

**DIFFICILE** **> Plus de 4 heures de marche**

Pour des randonneurs expérimentés et sportifs. L'itinéraire est long et/ou difficile (dénivelées, passages délicats).

### Durée de la randonnée

La durée est calculée sur la base d'environ 3 km/h pour les balades vertes et bleues, et de 4 km/h pour les randonnées rouges et noires. La durée indiquée tient compte de la longueur et des dénivelées. Si vous randonnez avec des enfants, reportez-vous page 8.

## COMMENT SE RENDRE SUR PLACE ?
### En voiture

Tous les points de départ sont accessibles par la route. Un parking, indiqué par une signalétique routière, est situé à proximité du départ de chaque randonnée. Ne laissez pas d'objet apparent dans votre véhicule.

**Veillez à ce que votre véhicule ne gêne pas le passage des engins forestiers ou agricoles, même le dimanche. Il est interdit de stationner derrière les barrières de routes forestières.**

### Par les transports en commun

L'accès par les transports en commun est signalé à la rubrique Situation de chaque itinéraire. Attention, certains services sont réduits ou inexistants les week-ends, jours fériés et période de congés scolaires.
**SNCF > tél. 36 35 (0,34 euro/minute) ou www.voyages-sncf.com**
**Trains et RER > tél. 08 91 36 20 20 ou www.transilien.com**
**RATP > tél. 32 46 ou www.ratp.fr**

Les itinéraires de Promenades et Randonnées (PR) sont en général des boucles : on part et on arrive au même endroit.

# Les environs de Paris... à pied®

infos pratiques de la **FF**Randonnée : **Voir page 4**

ÉTANG DE CERNAY / PHOTO J.-P. J.

5e édition : mai 2011 - ISBN 978-2-7514-0489-4 © IGN 2011 (fonds de carte) - Dépôt légal : mai 2011

## L'ÉQUIPEMENT D'UNE BONNE RANDONNÉE

### Les chaussures

Les chaussures de randonnée doivent être confortables et garantir un bon maintien du pied et de la cheville. Si elles sont neuves, prenez le temps de les faire à votre pied avant. Les tennis seront limitées à une courte marche de quelques heures.

### Le sac à dos

Un sac de 20 à 40 l conviendra largement pour les sorties à la journée.

### Les vêtements

Le système des « 3 couches » est fondamental : sous-vêtement en fibres synthétiques, pull ou sweat en fibre polaire, coupe-vent, de préférence respirant.

### Équipement complémentaire

Une paire de lacets, de la crème solaire, une casquette, des lunettes, une trousse de secours, une boussole, un appareil photo, un sifflet.

## 4 indispensables à ne pas oublier !

### 1 > Bien s'hydrater

**La gourde** est l'accessoire indispensable, été comme hiver.

### 3 > Mieux observer

En montagne ou dans un parc, **une paire de jumelles**.

### 2 > Toujours dans la poche !

**Un couteau multifonctions.**

### 4 > Mieux se repérer

**Une lampe torche** en cas de tunnel, grotte.

**Autres >** un pique-nique ou, pour les courtes marches, quelques provisions qui aideront à terminer un itinéraire, surtout avec des enfants.

BIEN PRÉPARER SA RANDONNÉE

## QUAND RANDONNER ?

Avant de partir, toujours s'informer sur le temps prévu :
**Météo France :** tél. **32 50** (0,34 euro/minute) ou
http://france.meteofrance.com

### En période estivale

Les journées longues permettent les grandes randonnées, mais attention au coup de chaleur. Il faut s'astreindre à boire beaucoup : environ 5 à 6 gorgées toutes les 20 minutes, soit au minimum 1,5 l d'eau par personne pour une demi-journée de marche.

### En automne-hiver

Pendant la saison de la chasse, ne vous écartez pas des chemins balisés qui sont ouverts au public (de chaque côté du chemin, respectez les propriétés privées). En hiver, veillez à ne pas déranger la faune sauvage, observez les traces sans vouloir les suivre.

## DÉSAGRÉMENTS ET DANGERS
### L'orage

Ne pas rester debout sous un arbre ou un rocher, ou près d'une cabane ; s'éloigner des cours d'eau et des pylônes. S'accroupir sur ce qui peut être isolant (sac, corde), tenir les deux pieds bien serrés.

### La chaleur excessive

Protégez-vous la tête et le corps, buvez souvent. Dès les premiers signes (maux de tête, nausées), il est indispensable de s'arrêter, de se mettre à l'ombre et de boire frais à petites gorgées.

### La baignade

Le danger principal est le choc thermique. Il faut entrer progressivement dans l'eau, et renoncer en cas de sensation anormale (grande fatigue, vertige, bourdonnements d'oreille...).

**N° d'urgence**
**Secours 112**
**Pompiers 18**
**Samu 15**
**Gendarmerie 17**

### Marcher le long d'une route

Mieux vaut marcher en colonne le long d'une route. La nuit, chaque colonne empruntant la chaussée doit être signalée à l'avant (feu blanc ou jaune) et à l'arrière (feu rouge).

## Quelques adresses pour vous aider

### COMITÉ RÉGIONAL DU TOURISME (CRT)
• **Comité régional du tourisme d'île-de-France,** 11, rue du Faubourg-Poissonnière, 75009 Paris, tél. 01 73 00 77 00, www. pidf.com

### COMITÉS DÉPARTEMENTAUX DU TOURISME (CDT/OT)
• **Office du tourisme et des Congrès de Paris,** tél. 08 92 68 30 00
• **Comité départemental de tourisme de Seine-et-Marne,** tél. 01 60 39 60 39
• **Comité départemental de tourisme du Val-de-Marne,** tél. 01 55 09 16 20
• **Comité départemental de tourisme Seine-Saint-Denis,** tél. 01 49 46 08 11
• **Comité départemental de tourisme des Hauts-de-Seine,** tél. 01 46 93 92 92
• **Comité départemental de tourisme du Val-d'Oise,** tél. 01 30 29 51 00
• **Comité départemental de tourisme des Yvelines,** tél. 01 39 07 71 22
• **Comité départemental de tourisme de l'Essonne,** tél. 01 64 97 35 13

### LES PARCS NATURELS
• **Parc naturel régional du Vexin français,** tél. 01 34 48 66 10
• **Parc naturel régional de la Haute-Vallée de Chevreuse,** tél. 01 30 52 09 09
• **Parc naturel régional du Gâtinais français,** tél. 01 64 98 73 93

### LA FÉDÉRATION FRANÇAISE DE LA RANDONNÉE PÉDESTRE
• **Centre d'Information FFRandonnée,** 64, rue du Dessous-des-Berges, 75013 Paris, tél. 01 44 89 93 93, fax 01 40 35 85 67, info@ffrandonnee.fr, www.ffrandonnee.fr

### COMITÉ RÉGIONAL DE LA RANDONNÉE PÉDESTRE
• **Île-de-France,** 67, rue Vergniaud, 75013 Paris; tél.01 48 01 81 51

### COMITÉS DÉPARTEMENTAUX DE LA RANDONNÉE PÉDESTRE
• **Paris,** 35, rue Piat, 75020, tél. 01 46 36 95 70
• **Seine-et-Marne,** 11, rue Royale, 77300 Fontainebleau, tél. 01 60 71 91 16
• **Yvelines,** Codérando 78 c/o CDOS BP 266 78002 Versailles cedex, tél. 06 85 62 87 24
• **Essonne,** c/o Sylvie Vandamme, 24 résidence de Courdimanche, 91940 Les Ulis, tél. 01 64 46 32 88
• **Hauts-de-Seine,** 5, avenue Jean-Bouin, 92130 Issy-les-Moulineaux, tél. 01 41 08 05 21
• **Seine-Saint-Denis,** 1, Place des Martyrs-de-la-Résistance-et-de-la-Déportation, 93110 Rosny-sous-Bois, tél. 01 48 54 00 19
• **Val-de-Marne,** 51B, avenue Coeuilly, 94420 Plessis-Trévise, tél. 01 56 31 05 73
• **Val-d'Oise,** Maison des Comités sportifs Jean-Bouvelle, 106, rue des Bussys, 95600 Eaubonne, tél. 01 39 59 42 78

### DIVERS
• **Amis de la forêt de Fontainebleau,** 26, rue de la Cloche, B14, 77301 Fontainebleau Cedex, tél. 01 64 23 46 45
• **AHVOL ( Association pour l'aménagement harmonieux des Vallées de l'Orvanne et du Lunain),** Mairie de Voulx, 7, Grande-Rue, 77940 Voulx, tél. 03 86 97 54 88
• **Espace Rambouillet, Office National des Forêts,** route de Clairefontaine, 78120 Rambouillet, tél. 01 34 83 05 00 ; www.onf.fr/espaceramb/

BIEN PRÉPARER SA RANDONNÉE

## À CHACUN SON RYTHME...

### Les enfants jusqu'à environ 7 ans

Sur le dos de ses parents jusqu'à 3 ans, l'enfant peut ensuite marcher, dit-on, un kilomètre par année d'âge. Question rythme, on suppose une progression horaire de 1 à 2 km en moyenne.

### De 8 à 12 ans

On peut envisager des sorties de 10 à 15 km. Les enfants marchant bien mieux en groupe, la présence de copains favorisera leur énergie. Si le terrain ne présente pas de danger, ils apprécieront une certaine liberté, en fixant des points de rendez-vous fréquents.

Les adolescents qui sont en pleine croissance ont des besoins alimentaires plus importants que les adultes.

### Les seniors

La marche a pour effet la préservation du capital osseux, et fait travailler en douceur l'appareil cardio-vasculaire. Un entretien physique régulier de 30 minutes à 1 heure de marche quotidienne est requis pour envisager de plus longues sorties. Un bilan médical est recommandé.

## Où se restaurer et dormir dans la région ?

### TROIS TYPES D'APPELLATION

 ❶ **Alimentation** > pour un pique-nique : épicerie, boucherie ou traiteur, à la découverte des produits locaux.

 ❷ **Restauration** > un café ou un restaurant, pour reprendre son souffle et savourer les spécialités du terroir.

 ❸ **Hébergement** > de nombreuses possibilités d'hébergement existent : pour plus d'informations, **consulter le comité départemental du tourisme ou les offices de tourisme locaux.**

Les établissements Rando Accueil (gîtes, hôtels, campings) sont sélectionnés pour leur convivialité et leur environnement de qualité ; en outre, ils proposent des conseils personnalisés pour découvrir les itinéraires de randonnée alentour. www.rando-accueil.com

## • • • **Tableau** des ressources

| ⊙ | 🛒 | 🍴 | 🏠 | ⊙ | 🛒 | 🍴 | 🏠 |
|---|---|---|---|---|---|---|---|
| **Seine-et-Marne** | | | | Luzarches | ● | ● | ● |
| Barbizon | ● | ● | ● | Marines | ● | ● | ● |
| Chaumes-en-Brie | ● | ● | ● | Nucourt | | | ● |
| Crouy-sur-Ourcq | ● | ● | ● | La Roche-Guyon | ● | ● | ● |
| Donnemarie-Dontilly | ● | ● | ● | Santeuil | | ● | |
| Gretz-Armainvilliers | ● | ● | ● | Vétheuil | ● | ● | |
| La Ferté-sous-Jouarre | ● | ● | ● | Viarmes | ● | ● | ● |
| Larchant | ● | ● | ● | Villers-en-Arthies | | | ● |
| Longueville | ● | ● | ● | **Yvelines** | | | |
| Lorrez-le-Bocage | ● | ● | ● | Chevreuse | ● | ● | ● |
| Recloses | ● | ● | | Maisons-Laffitte | ● | ● | ● |
| Saints | ● | ● | ● | Milon-la-Chapelle | | ● | |
| Savigny-le-Temple | ● | ● | ● | Oinville-sur-Montcient | | ● | |
| Ville-Saint-Jacques | ● | | | Poigny-la-Forêt | | ● | |
| Villeuneuve-sur-Bellot | ● | ● | ● | Rambouillet | ● | ● | ● |
| Villiers-sur-Morin | ● | ● | ● | Sonchamp | ● | | |
| **Le Val-de-Marne** | | | | Versailles | ● | ● | ● |
| Boissy-Saint-Léger | ● | ● | ● | **Essonne** | | | |
| Marolles-en-Brie | ● | ● | ● | Bièvres | ● | ● | ● |
| **Seine-Saint-Denis** | | | | Boussy-Saint-Antoine | ● | ● | ● |
| La Courneuve | ● | ● | ● | Bruyères-le-Chatel | ● | ● | |
| Montfermeil | ● | ● | ● | Cerny | | ● | |
| **Les Hauts-de-Seine** | | | | Chalo-Saint-Mars | | ● | |
| Chaville | ● | ● | ● | Dourdan | ● | ● | ● |
| Rueil-Malmaison | ● | ● | ● | Étréchy | ● | ● | |
| Saint-Cloud | ● | ● | ● | Lardy | ● | ● | |
| **Val-d'Oise** | | | | Les Molières | | ● | |
| Arthies | | ● | | Saint-Michel-sur-Orge | ● | ● | |
| L'Isle-Adam | ● | ● | ● | Soisy-sur-École | ● | | ● |
| | | | | Verrières-le-Buisson | ● | ● | ● |

# Pour mieux connaître la région

## CONNAISSANCE GÉOGRAPHIQUE, TOURISTIQUE ET HISTORIQUE DE LA RÉGION
- Chevalier (J.), Dubois (Ph.), *Voyages naturalistes en Île-de-France,* éd. Nathan.
- Dubois (Ph.), Lesaffe (G.), *Guide de la Nature Paris et banlieue,* éd. Parigramme.
- Grandin (M.), *Rivières de France,* éd. F. Bourin.
- Hervet (J.-P.) et Mérienne (P.), *Forêts du Val-d'Oise,* éditions Ouest-France.
- *Histoire de l'Île-de-France,* sous la direction de M. Mollat, éd. Privat.
- Pomerol (Ch.), *Découverte géologiques de Paris et de l'Île-de-France,* BRGM.
- Puiloube (D.), *Maisons et paysages en Ile-de-France,* éd. Privat.
- Prache (A.), *Île-de-France romane,* éd. Weber.
- Raveneau (A.), Courtat (E.), *La campagne à Paris et en Île-de-France,* éd. Parigramme.

## TRADITIONS RÉGIONALES ET ARTISANAT
- Bertheau (G.), *Vieux métiers et pratiques oubliées à Paris et région parisienne,* éd. Horvath.

## SUR LA RANDONNÉE

- Minvielle (A.M.), *La France à pied,* éd. Arthaud.
- Minvielle (A.M.), *Les plus belles randonnées aux environs de Paris,* éd. Glénat.
- Mouraret (A. et S.), *Gîtes d'étapes et refuges, France et frontières,* téléchargeable sur le site internet : gîtes-refuges.com

## OUVRAGES GÉNÉRAUX
- *Cent jardins à Paris et en Île-de-France,* éd. Délégation à l'action artistique de la Ville de Paris.
- *Guide bleu Île-de-France,* Hachette.
- *Guide Michelin Environs de Paris.*
- *Guide du patrimoine Île-de-France,* Hachette.

Pour connaître la liste des autres topo-guides de la Fédération française de la randonnée pédestre sur la région, consulter le site www.ffrandonnee.fr

## CARTES DE LA RÉGION
- **CARTES IGN AU 1 : 25 000 (TOP 25)** : N° 2214 ET, 2313 OT, 2314 OT, 2315 OT, 2413 OT, 2414 ET, 2415 OT, 2512 OT, 2613 O, 2918 E, 2919 E.
- **CARTES IGN au 1 : 100 000** : N° 108, 109, 118, 119.
- **CARTE Michelin au 1 : 200 000** : N° 237.

# Rejoignez-nous et randonnez l'esprit libre

Pour mieux connaître la fédération, les adresses des associations de votre département, pour tout savoir sur l'actualité de la randonnée, pour adhérer ou découvrir la collection des topo-guides.

**Tout sur www.ffrandonnee.fr**

**FFRandonnée**

# Suivez les balisages de la **FF**Randonnée

## LES TYPES DE BALISAGE

| Type d'itinéraires | | |
| --- | --- | --- |
| Bonne direction | | |
| Tourner à gauche | | |
| Tourner à droite | | |
| Mauvaise direction | | |

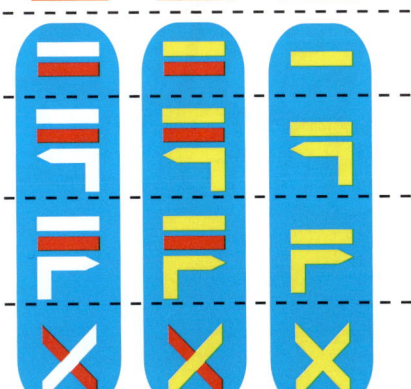

**1** Grande Randonnée / **2** Grande Randonnée de Pays / **3** Promenade & Randonnée

## MARQUAGES DES BALISAGES

Le jalonnement des sentiers consiste en marques de peinture sur les arbres, les rochers, les murs, les poteaux. Leur fréquence est fonction du terrain.

### Les baliseurs : savoir-faire et disponibilité

Pour cheminer sereinement, 6 000 bénévoles passionnés s'activent toute l'année, garants d'un réseau d'itinéraires de 180 000 kilomètres de sentiers, sélectionnés et aménagés selon des critères de qualité.

# PARCE QUE VOTRE
# PASSION EST
# SANS LIMITE...

## PassionRando
LE MAGAZINE DES PASSIONNÉS DE LA RANDO

Découverte

## Escapades nature
## en Provence verte

Coup de cœur
La Clarée de
Denis Cheissoux

Croatie
La perle de
l'Adriatique

Randos vignobles
L'ivresse
du chemin

N° 17 · Octobre-Novembre-Décembre 2010 · 5,90 € · www.ffrandonnee.fr

**4** numéros par an pour :

+ de randos d'ici et d'ailleurs

+ d'infos pratiques

+ d'implication en faveur
des sujets de société

+ d'infos locales

Conception : L2R

## SPÉCIAL
## ADHÉRENT

Vous êtes adhérents de la Fédération,
vous pouvez payer votre abonnement
à **Passion Rando Magazine 4 €**
**seulement** en même temps que
votre cotisation annuelle

Contactez votre club de randonnée ou votre Comité
Départemental de la Randonnée Pédestre

**Abonnez-vous via internet** sur :
www.ffrandonnee.fr,
rubrique « **Passion Rando** »

ou

**Abonnez-vous par courrier** :
envoyez sur papier libre vos coordonnées
accompagnées d'un chèque de 12 € à l'ordre
de FFRandonnée à l'adresse suivante :
SIF FFRandonnée SEII télémat - 14490 Litteau.

FFRandonnée
www.ffrandonnee.fr

Des sentiers balisés à travers toute la France

## LA FFRandonnée AUJOURD'HUI ?

La Fédération française de la randonnée pédestre, c'est près de 205 000 adhérents, 3 350 associations affiliées, 180 000 km de sentiers balisés GR® et PR®, 120 comités régionaux et départementaux, 20 000 bénévoles, animateurs et baliseurs, 260 topo-guides, un magazine de randonnée *Passion Rando* et un site Internet : www.ffrandonnee.fr.

**PARTENARIAT : engagé depuis 1992, GDF Suez soutient l'ensemble des secteurs d'activités de la Fédération : sentiers, balisage, édition et information du grand public.**

### *Passion Rando Magazine*, le magazine des randonneurs

*Passion Rando Magazine* apporte aux amoureux de la rando et d'authenticité toutes les pistes de découverte des régions de France et à l'étranger, les propositions d'itinéraires, d'hébergements et des bonnes adresses.

En valorisant les actions locales d'engagement pour la défense de l'environnement et d'entretien des sentiers, *Passion Rando Magazine* porte un message sur le développement durable, la préservation de la nature et du réseau d'itinéraires de randonnée pédestre.

Abonnez-vous sur www.ffrandonnee.fr

## *PassionRando*
LE MAGAZINE DES PASSIONNÉS DE LA RANDO

## PARTEZ TRANQUILLE AVEC LA RandoCarte®
### 4 atouts au service des randonneurs

- Une assurance spéciale « randonnée »
- Une assistance 24/24 h et 7/7 jours en France comme à l'étranger
- Des avantages quotidiens pour vous et vos proches
- Un soutien à l'action de la Fédération française de la randonnée pédestre et aux bénévoles qui entretiennent vos sentiers de Grande Randonnée et de Promenades et Randonnées

### Vous aimez la randonnée

Depuis plus d'un demi-siècle, la Fédération vous propose une assurance, adaptée et performante dont profitent déjà près de 190 000 passionnés. Faites confiance à la RandoCarte® : elle vous est conseillée par des spécialistes du terrain, passionnés de randonnée...

**Une fois encore, ils vous montrent le chemin !**

**îledeFrance**
Agence des Espaces Verts

# Agence des espaces verts
## de la Région d'Île-de-France

L'AGENCE DES ESPACES VERTS DE LA REGION D'ÎLE-DE-FRANCE (AEV) est un établissement public régional unique en France.

Elle acquiert, aménage et gère l'ensemble des espaces naturels (forêts, sites écologiques et espaces agricoles) qui appartiennent à la Région.

Depuis 1979, elle apporte son concours financier à la création de sentiers de randonnée tracés par le Comité régional de la randonnée pédestre d'Île-de-France : près de la moitié des sentiers créés le sont avec l'aide de l'AEV.

Ce soutien est une priorité pour l'Agence, dont l'une des principales missions consiste à développer les réseaux de promenade, notamment à l'intérieur du domaine régional.
Il est aussi le garant d'un environnement de qualité, que la Région s'efforce de donner aux franciliens.

**Des idées de promenade sur www.aev-iledefrance.fr**

99 rue de l'Abbé-Groult – 75015 Paris
Tél. : 01 72 69 51 00 – Fax : 01 45 33 11 48

# Découvrir
# L'Île-de-France

De gauche à droite : SCEAUX ; YERRES ; VILLETTE / PHOTOS J.-P. J. ; PROVINS / PHOTO C.L.

**«** **L**e chemin, c'est ce qui relie les gens, les lieux et les générations... Les patrimoines culturels et naturels ne peuvent être séparés. On retrouve ainsi toute l'Histoire de France sur les grands chemins de la France. »** *Corinne Lepage, ancien ministre de l'Environnement.*

Quelle meilleure introduction pour aborder l'Île-de-France ?

Ici, mieux qu'ailleurs, le randonneur traverse des terroirs et des pays pleins de richesses culturelles et naturelles, sur les sept départements franciliens autour de Paris.

Dans les Yvelines, le château de Saint-Germain-en-Laye ne doit pas nous faire négliger les oratoires perchés dans les arbres de la forêt.

En Val-d'Oise, les paysages ont servi de décors aux tableaux des peintres impressionnistes.

En Seine-et-Marne et dans la forêt de Fontainebleau, la nature reprend ses droits de manière plus sportive pour les varappeurs parisiens.

Dans l'Essonne, les rivières font leur numéro de charme le long des lavoirs, des moulins et des châteaux.

Plus proche de la capitale, le territoire des Hauts-de-Seine couvre les forêts, les parcs et les cités-jardins de ses collines ensoleillées.

En Seine-Saint-Denis, la Courneuve et Bondy sont un vaste stade pour les petits animaux franciliens.

Enfin, le Val-de-Marne est un bouquet de roses à offrir sur un air d'accordéon.

Trouver une identité paraît difficile au milieu des villes nouvelles et des zones fortement urbanisées, des résidences secondaires et des cités-dortoirs.

Et pourtant...

# Les pays d'Île-de-France

Randonnées en Ile-de-France GR® 1, GR® 11 et GR® 111, GR® 2, GR de Pays, Ceinture Verte, Promenades et Randonnées, l'Ile-de-France est sillonnée par 5000 kilomètres de sentiers balisés en blanc et rouge, en jaune et rouge, et en jaune. Ce pays était appelé Ile-de-France, « *Insula Franciae* », parce qu'autrefois il était resserré entre la Seine, la Marne, l'Oise, l'Aisne et l'Ourcq en formant à peu près une île en s'étendant vers l'ouest et le Midi. Parisis, Hurepoix, Etampois, Mantois, Vexin, Brie française, Gâtinais, Valois, Pinserais... Les anciens noms des pays de l'Ile-de-France sont à rechercher le long des sentiers.

# La géologie

La leçon de géologie des terrains tertiaires de l'Ile-de-France reste présente à l'esprit : « Au nord, à l'est et partiellement à l'Ouest, cette région naturelle domine par une falaise de quelque cinquante à quatre-vingt mètres le substratum crayeux sur lequel elle repose. Cette côte, encore appelée falaise ou cuesta, borne ainsi l'Ile-de-France au Nord vers la Picardie, à l'Est vers la Champagne, à l'Ouest vers le Vexin normand. Par contre, au Sud, la transition avec l'Orléanais s'effectue insensiblement à travers le monotone plateau beauceron ». (Guide Pomerol, *Ile-de-France*, éd. BRGM). Pour vous distraire, les carrières sont pleines de fossiles à découvrir. Très amusant lors d'une randonnée.

# La faune et la flore

« Discrétion » est le mot de passe de la faune en Ile-de-France. Les animaux se montrent à l'homme si l'homme se fait oublier. Rendez-vous donc avec les renards roux de la Courneuve, la sittelle torchepot de Marly, les chevreuils de Rambouillet ou les hérons cendrés d'Antony.

Bien sûr nous ne parlerons pas ici de lys martagon ou de gentianes, mais sachez observer, par exemple au bord même des routes du massif de Fontainebleau, la pulpeuse anémone pulsatile violette. Photographiez les orchidées sauvages des sous-bois. Respirez le parfum subtil du chèvrefeuille sauvage. Arrêtez-vous devant chaque rosier des parcs et jardins ; ils appartiennent tous à des espèces différentes. Mais ne comptez alors que deux kilomètres à l'heure pour vos randonnées.

NÉNUPHARS SUR LA MARE AUX BICHES / PHOTO P.H.

## Les **forêts**

L a plupart des forêts de l'Ile-de-France dépendent de la gestion de l'Office national des Forêts. L'ONF propose des visites guidées en saison à la découverte de la faune et de la flore sylvestres.

## Les espaces **urbanisés**

D ix millions d'habitants, soit 18 % de la population française habitent en Ile-de-France. De quoi se poser des questions sur les espaces verts des villes nouvelles de Marne-la-Vallée, de Cergy-Pontoise ou d'Evry-Ville-Nouvelle. Le pou-

FORÊT DE VERSAILLES / PHOTO J.-P.J.

mon vert autour de Paris se porte pourtant très bien et l'importance de la fréquentation des randonnées comme par exemple celle de la Coulée Verte à Châtenay-Malabry n'est pas incompatible avec celle, plus secrète, des chemins forestiers.

## L'habitat et **l'architecture**

CHEZ GÉGÈNE», UNE GUINGUETTE SUR LE BORD DE MARNE / PHOTO CH.M.

L a densité des grands châteaux, qu'ils soient du Moyen Age, qu'ils remontent aux Valois, aux Bourbons ou aux grands financiers de l'Empire, est forcément importante. Chaque château s'accompagne d'un parc à la Française ou à l'Anglaise suivant le domaine. Ils ne vous feront pas oublier les modestes lavoirs, moulins, calvaires, fermes anciennes, bornes et petites églises familières.

Quand vous aurez suivi ces cinquante promenades et randonnées faciles, en famille ou entre copains, aux alentours de Paris, quand vous aurez essayé de les réaliser sans embouteillage, le plus facilement du monde par métro, RER, par bus ou par train, sinon par auto, vous pourrez comprendre les pays de l'Ile-de-France.

*Anne-Marie Minvielle*

## Découvrir,
# La Seine-et-Marne

De gauche à droite : SAMOIS-SUR-SEINE ; MORET-SUR-LOING ; SAINT-LOUP-DE-NAUD ; NANTEUIL -SUR-MARNE / PHOTOS J. -P. J.

*« Viens doncques, mon Ronsard, afin que par les champs/ Par les bois, par les eaux, nous allions retrenchans/ Les soucis, les ennuis, et l'humeur inutile/ Que cause en nos cerveaux le gros aer de la ville ».* (Claude Gaucher, natif de Dammartin au XVIe siècle).

La Marne dessine ses méandres sur le plateau de la Brie.Rive gauche, deux affluents, les Petit et Grand Morins délimitent un terroir de vallons boisés appréciés par les peintres. Au Nord, la grande ville de Meaux dresse sa cathédrale. Vers la Picardie, le canal de l'Ourcq fait une trouée dans le Valois. Maisons nobles et églises royales de rigueur. Au Sud et à l'Ouest, le massif de Fontainebleau saupoudre de rochers fantasmagoriques et d'arbres remarquables les gorges et les chaos, véritable petite montagne exotique pour varappeurs et randonneurs. Déjà l'un des « Sylvains de la forêt », Claude Denecourt leur donnait le goût de la nature sauvage au siècle dernier. Il fut le premier à baliser les sentiers de la forêt de Fontainebleau. La Seine-et-Marne en restera pour toujours le département d'Ile-de-France réputé pour avoir le plus ancien des sentiers balisés. Mais quel contraste si vous continuez vers l'est et vers Provins ! Les vallons prennent des allures de retour de Croisade et la Rosa Gallica embaume les remparts médiévaux. Plus au sud, la Seine déroule ses méandres entre la forêt de Fontainebleau et la forêt de Champagne et ses deux affluents l'Yonne et le Loing ouvrent la porte du Nord-Gâtinais. Autre surprise vers le bocage ensoleillé du Nord-Gâtinais : vous voilà presque sur les bords de la Loire. Et après la balade, rien ne vous empêche d'aller visiter quelques châteaux, prestigieux parmi tant d'autres, de Blandy-les-Tours, Fontainebleau, Vaux-le-Vicomte ou Ferrières.

Ci-contre : FORÊT DE FONTAINEBLEAU / PHOTO CH. M.

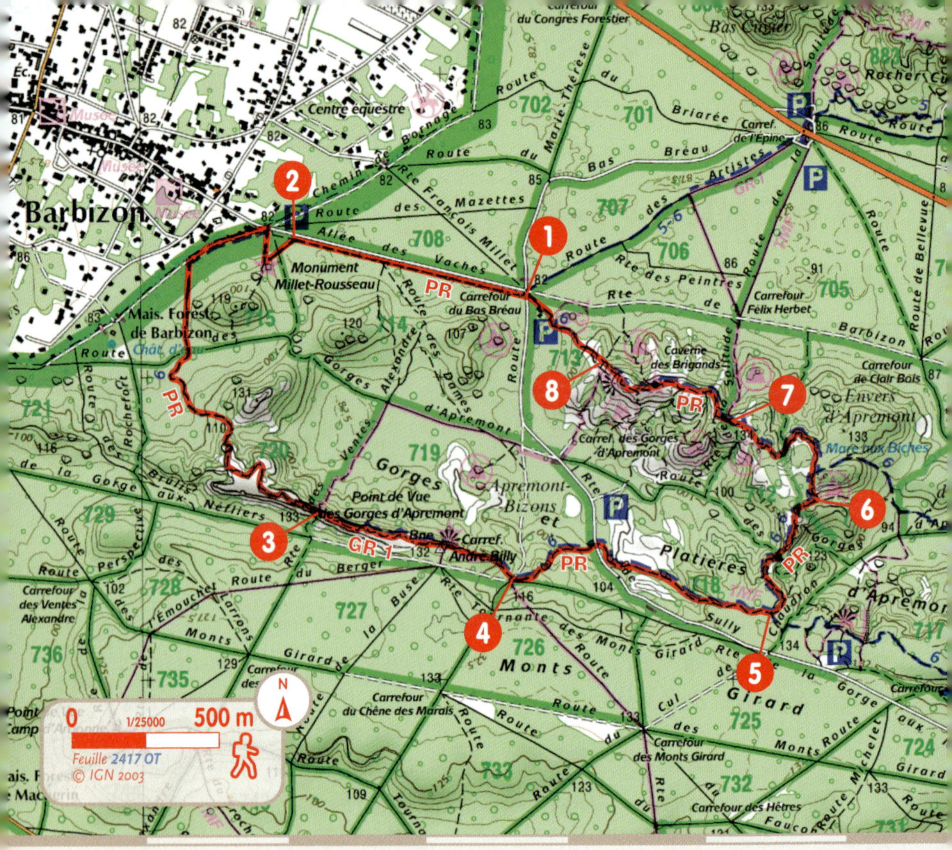

Barbizon

Centre équestre

Monument Millet-Rousseau

PR

Carrefour du Bas Bréau

Mais. Forest. de Barbizon

Gorges

Point de Vue des Gorges d'Apremont

GR 1

Carref. André Billy

PR

Gorges d'Apremont

Apremont-Bisons et

Platières

Caverne des Brigands

Carrefour Félix Herbet

Carrefour de Clair Bois

Envers d'Apremont

Mare aux Biches

Monts

Girard

Carrefour du Chêne des Marais

Carrefour des Monts Girard

Carrefour des Ventes Alexandre

Carrefour des Hêtres

0  1/25000  500 m
Feuille 2417 OT
© IGN 2003

N

# HISTOIRE

## PEINDRE À BARBIZON

« Ces peintres de Barbizon, ont des barbes de bison », fredonnait une complainte du XIXᵉ siècle. Les « rapins », artistes peintres sans le sou, se retrouvaient volontiers autour des tables de Barbizon. Ils payaient leurs repas de quelques toiles qui restèrent longtemps accrochées au mur de l'Auberge Ganne. Ils avaient pour noms : Théodore Rousseau et Jean-François Millet… Dupré, Daubigny, Diaz, Corot, Bazille, puis Monet. Certains furent à l'origine de l'école paysagiste dite de Barbizon. *Le cabaret de la mère Antoni,*

AUBERGE GANNE / PHOTO CDT 7

par Renoir à Marlotte, *L'Angélus* de Millet à Chailly-en-Bière sont parmi les œuvres célèbres qui ont illustré ce terroir.

# Gorges d'Apremont

**Le chaos de rochers des gorges d'Apremont est l'un des lieux les plus renommés de la forêt de Fontainebleau. Déserts de sable, grottes et vallées transposent ce site en pleine mythologie romantique.**

**1** Parcourir 800 m en direction de Barbizon en restant à gauche du chemin des Vaches (route de Barbizon).

**2** 100 m avant la ville, monter à gauche pour atteindre le monument à la mémoire des peintres *(à quelques mètres, une plaque rappelle la création des « réserves artistiques »)*. Redescendre au nord jusqu'au bornage de la forêt et le suivre à gauche sur 400 m. Partir à gauche, puis couper la route des Gorges d'Apremont. *On rencontre des rochers ornés d'une étoile ou d'une lettre, peinte en bleu. Denecourt a donné des noms à certains rochers. La première étoile orne un rocher en forme d'éléphant.*

Monter sur une crête et atteindre une platière.

**> Accès au point de vue et à la grotte : suivre le fléchage.**

**3** Croiser la route des Ventes-Alexandre. Passer devant le rocher « la Tortue d'Apremont » *(lettre J, à regarder dans l'autre sens)*. Atteindre un point de vue (banc).

**4** Couper la route de Marie-Thérèse. Descendre et traverser la route Sully *(arbres remarquables : consulter la plaquette « Arbres remarquables » avec la liste de ces arbres et leur implantation)*. Remonter sur les platières d'Apremont jusqu'à une bifurcation.

**> Accès au point de vue du bassin d'Apremont : continuer tout droit sur 200 m.**

**5** Suivre à gauche le sentier des Crêtes-d'Apremont *(numéroté 6-6, il est comparable à une passerelle surplombant deux dépressions)*.

**6** À la bifurcation, partir à gauche (nord) pour remonter sur la platière. Passer à côté de la mare aux Biches.

**7** Couper la route de la Solitude et continuer à suivre le bord du plateau. Passer à la caverne des Brigands, puis entamer la descente.

**8** Descendre à droite pour retrouver le parking.

## SITUATION
Barbizon, à 8 km au nord-est de Fontainebleau par la N 7

## PARKING
carrefour du Bas-Bréau (à 1 km à l'est de Barbizon)

## BALISAGE
**1 à 3** > bleu
**3 à 4** > blanc-rouge
**4 à 1** > bleu

## DIFFICULTÉS !
certains endroits rocheu

## À DÉCOUVRIR...

> **En chemin :**
• monument à la mémoire des peintres
• la « Tortue d'Apremont »
• arbres remarquables
• mare aux Biches

> **Dans la région :**
• Barbizon : galeries de tableaux, musée, gorges de Franchard
• Fontainebleau : palais (parc, grands appartements, petits appartements, musée Napoléon, jardins)

## GÉOLOGIE ET PRÉHISTOIRE

# LA PRÉHISTOIRE SOUS ABRIS

Recloses garde les traces de la Préhistoire et le nombre d'abris sous roches de ce promontoire de 124 m passionnera le randonneur. Il s'agit plutôt de « chambres » provoquées par la dislocation de failles dans les canches ou bandes rocheuses de grès stampien. C'est ainsi que Jean Loiseau, notre inventeur de la randonnée, analyse déjà le vallon géologique de Recloses, il y a plus d'un quart de siècle. Graffitis, silex taillés, monnaies, bijoux de bronze, effigies votives et même «araignées obscuricoles» ont été retrouvés dès le début de ce siècle. «L'abri des Francs est le type même de la caverne ouverte... Une série de blocs disposés devant l'entrée devait servir, soit à la protection de la caverne, soit au calage de pieux pour une construction adventice...», précise encore Jean Loiseau.

QUELQUES JONQUILLES SAUVAGES... / PHOTO A.-M. M.

# Circuit de Recloses

PR® 2

**FACILE**

2H30 • 7,5KM

Une église du XIIIe siècle, une colline au sous-bois de jonquilles, des grottes creusées dans le grès stampien, vous êtes à Recloses, l'un des plus beaux sites du massif de Fontainebleau.

**1** Au Jeu de Paume, prendre le chemin des Mariniers orienté sud-est.

**2** Continuer sur 500 m puis obliquer à gauche et, 200 m plus loin, tourner à droite par le chemin du Moulin de la Fosse.

**3** Tourner à gauche, puis se diriger plein nord. 400 m plus loin, grimper entre les rochers, longer la Mare Marcou et poursuivre vers le nord *(point de vue sur la sablière à droite)* sur 400 m. Atteindre une intersection.

**> Raccourci : on peut suivre à gauche le GR® 13 pour regagner Recloses.**

**4** Continuer en face par un étroit sentier escarpé, entre les rochers, en longeant la sablière puis parvenir sur le plateau. Prendre à droite le chemin transversal (CR des Roches-Vacantes) puis tourner à gauche vers le nord (route de Villiers) et atteindre la barrière ONF *(limite de la forêt domaniale)*.

**5** Tourner à gauche et rejoindre la route Rouge. La prendre à gauche ; 500 m plus loin, reprendre à droite le chemin des Roches-Vacantes. Passer devant la mare à la Ricarde, rénovée ; 250 m plus loin, le chemin se transforme en route (rue des Canches). Après la première propriété, tourner à gauche. À l'intersection du circuit jaune et du circuit bleu, poursuivre à droite pour atteindre la grotte baptisée Abri des Francs *(marquée XIV)* et descendre en face.

**6** Tourner à droite dans le chemin de la Butte Blanche et rejoindre le Jeu de Paume par cette route qui devient pavée après la maison des eaux *(rivière souterraine)*.

MARE MARCOU / PHOTO C.P.

## SITUATION
Recloses, à 65 km au sud-est de Paris par A 6 et D 63E

## PARKING
au Jeu de Paume à Recloses

## BALISAGE
**1 à 3 >** jaune
**3 à 4 >** blanc-rouge
**4 à 6 >** jaune
**6 à 1 >** blanc-rouge

## À DÉCOUVRIR...

> **En chemin :**
• Recloses : église Saint-Martin (XIIIe siècle) et, sur le sentier bleu du Syndicat d'Initiative, grottes ayant servi de refuge durant la préhistoire

> **Dans la région :**
• Larchant : église

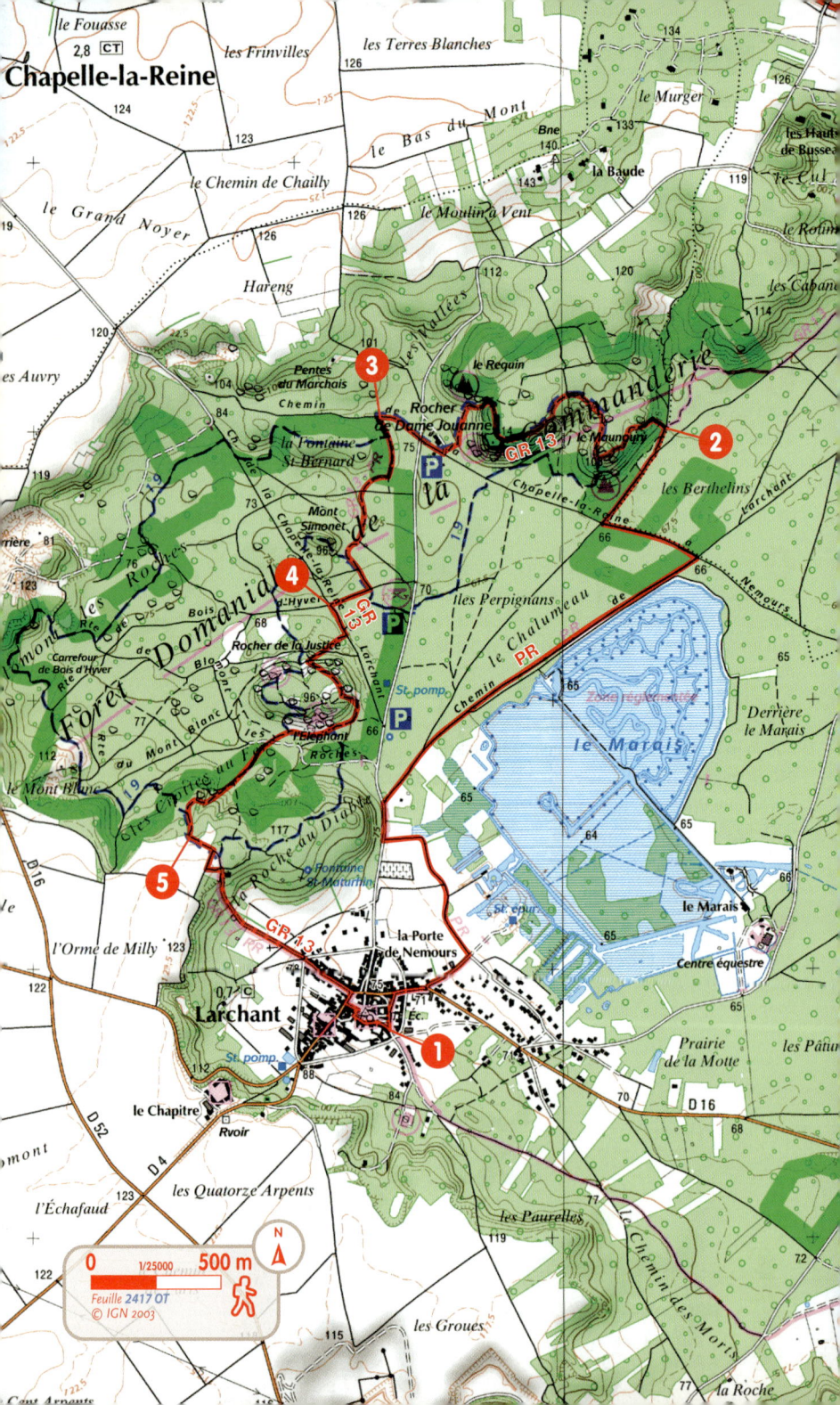

# Circuit de Larchant

Une collégiale, un saint qui guérit les fous et les mégères, le souvenir de Compostelle et surtout un chaos de grès extraordinaire, le circuit de Larchant mérite bien d'aller jusqu'au sud du massif de Fontainebleau.

**1** Se diriger vers le nord et suivre à droite la rue de la Libération. Prendre à gauche le chemin des Marais. Longer à gauche les marais. Suivre la route à droite puis tourner à droite en lisière du bois. Après 1,5 km, prendre à gauche puis à droite.

**2** Grimper à gauche en serpentant, obliquer à droite. Traverser un replat sur la gauche, monter à travers les rochers, se rapprocher du rebord et atteindre le sommet. Après la lisière ouest du Maunoury, suivre les bords du plateau. Passer la roche Caroline et la Dame-Jouanne. Redescendre vers La Dalle de Feu. Gagner le chalet de la Dame-Jouanne. Couper la route, prendre en face sur 200 m.

**3** Tourner à gauche dans le sentier longeant une clôture ; 200 m plus loin, prendre la branche de droite. Après la route de la Fontaine-Saint-Bernard, poursuivre en face par une sente. Traverser la route du Mont Simonet, et, peu après, suivre à gauche la route du Geai et à droite celle de Bois-d'Hyver.

**4** Prendre à gauche la route de La Chapelle à Larchant. Tourner à droite, passer entre deux mamelons. S'élever à gauche vers le rocher de la Justice. Au sommet, prendre à gauche, rester en lisière pour contourner le plateau. Au rebord sud, descendre à gauche. Contourner par la gauche le rocher de l'Eléphant, puis s'en écarter vers la gauche. Poursuivre tout droit puis tourner à gauche vers un gros bloc rocheux. Suivre un petit ravin et s'élever par deux lacets sur un promontoire. Prendre à gauche un sentier. Longer à gauche la lisière du bois.

**5** Suivre le chemin à droite puis à gauche. Après une forte descente, dans Larchant, suivre à droite la rue des Sablons. Prendre à gauche la rue du Grand-Cerf, contourner la collégiale par la droite vers la place des Tilleuls puis gagner à gauche la place Pasteur.

SAINT-MATHURIN À LARCHANT / PHOTO M.C.F.

**S SITUATION**
Larchant, à 70 km au sud-est de Paris par A 6, N 152, D 16

**P PARKING**
sur la place Pasteur à Larchant

**B BALISAGE**
**1 à 2** > jaune
**2 à 1** > blanc-rouge

**! DIFFICULTÉS !**
• entre **2** et **3** rester sur le sentier pour éviter l'aggravation de l'érosion.

## À DÉCOUVRIR...

**> En chemin :**
• Village de Larchant : collégiale
• Saint-Mathurin (XIIᵉ-XIVᵉ), construite par les chanoines de Notre-Dame-de-Paris, tour gothique, nef ruinée avec un portail du Jugement dernier ; à l'intérieur, retable Renaissance, pentures en ferronnerie de la porte de la sacristie, crucifix, pietà, très ancienne statue de saint Mathurin
• La Dame-Jouanne, le plus haut monolithe du massif de Fontainebleau

**> Dans la région :**
• La ville de Nemours

# SAINT MATHURIN, PATRON DES «FOLS»

Né à Larchant vers l'an 250, saint Mathurin se fit connaître en guérissant miraculeusement Théodora la folle, la fille de l'empereur romain Maximilien. Mathurin, fils de parents païens, fut baptisé par l'évêque Polycarpe à douze ans. Un jour, la mère de Mathurin vint voir son rejeton qui gardait les troupeaux. Elle avait soif. Mathurin tape alors du pied sur le sol de grès et une source en jaillit. On peut voir cette empreinte près de la fontaine qui porte son nom. Dès l'âge de vingt ans, les miracles se succèdent. Mathurin avait un don particulier pour calmer les possédés du démon. Grand succès à l'époque où le diable était omniprésent. En lui faisant boire un peu d'huile sainte, il fit ainsi sortir le démon du corps de la princesse romaine Théodora. Mathurin mourut trois ans plus tard et, sur sa volonté, ses reliques revinrent à Larchant. Très populaire, saint Mathurin était invoqué au Moyen Age pour les fous, les gens atteints de pestilence et... les épouses insupportables. Cela peut toujours servir. Un pèlerinage en son honneur a toujours lieu à Larchant, lors des fêtes de la Pentecôte. La collégiale de Saint-Mathurin (XIIe-XIVe siècle) cache une partie des reliques de saint Mathurin. Elle garde encore quelques arcatures gothiques parmi des ruines plus ou moins restaurées. Sa tour haute de 59 m se dresse au-dessus du village. Le portail de la tour n'est pas sans rappeler l'architecture de la cathédrale Notre-Dame-de-Paris.

Mêmes architectes, mêmes sculpteurs sans doute – (peut-être Pierre de Chelles ?) – mais l'ambiance de la collégiale de Larchant reste plus romantique et intime. Observez le portail de la Tour qui ressemble de manière frappante au portail du Jugement dernier de Notre-Dame-de-Paris. La chapelle de la Vierge (1300) est une véritable merveille gothique et le style flamboyant s'exprime sur le retable du XVe siècle. La nef du XIIIe siècle est d'un seul tenant. Les restes d'une poutre de gloire du XVIe siècle se nichent dans les hauteurs. On raconte même qu'au-dessus de la sacristie, une salle aux fenêtres grillagées recevait les fous les plus dangereux lors des offices médiévaux. Toutes les émotions culturelles se retrouvent à Larchant.

En sortant de l'église, examinez bien les maisons de la Grande-Rue : une coquille Saint-Jacques et un bâton de pèlerin marquent le porche de la Maison dite du Pèlerin dont les fenêtres à meneaux sont intéressantes. Il s'agit sans doute de la maison d'un notable qui s'était rendu à Saint-Jacques-de-Compostelle, il y a bien longtemps.

STATUE DE SAINT MATHURIN / PHOTO A.-M. M.

GÉOLOGIE ET PRÉHISTOIRE

# CES DRÔLES DE ROCHERS

L'ÉLÉPHANT, UN ROCHER BIEN ÉTRANGE... / PHOTO M.C. F.

Tout à fait au sud du massif de Fontainebleau, déjà dans le Gâtinais, le chaos gréseux de la Dame-Jeanne (ou Jouanne) est l'un des plus curieux de la forêt de Fontainebleau. L'érosion de la période glaciaire a sculpté ici, parmi d'autres, les rochers de l'Eléphant et de la Justice, le rocher de la Dame-Jeanne bien connu des varappeurs. Devant ces monstres de pierre, l'imagination populaire a fait de ce lieu un véritable bestiaire. Le rocher de l'Eléphant est également surnommé «la marmite à trois pieds», ou la «grosse molaire». L'animal semble pousser avec sa trompe une boule de grès et l'aspect de la pierre est craquelé à souhait comme une véritable peau d'éléphant. Cette érosion «desquamée» avec des reliefs comme grillagés, est déjà remarquée par Jean Loiseau dans son ouvrage sur le Massif de Fontainebleau (éd. Vigot, 1970, 2 tomes). Dans le même site, le rocher de l'Aigle comporte de nombreuses cupules naturelles évoquant le plumage pétrifié du rapace qui déploie ses ailes. Le grès et la silice sont omniprésents et Jean Loiseau raconte la différence du «pif», «paf» ou «pouf» au son du marteau des carriers d'autrefois pour reconnaître la dureté du grès de Fontainebleau. Autre site naturel, le marais de Larchant est situé près de Villiers-sous-Grez, à 1 km environ au nord-est du village. Il a été drainé et asséché durant des siècles au détriment de la faune et de la flore locales.

GÉOLOGIE ET PRÉHISTOIRE

# LA PRÉHISTOIRE À NEMOURS

Sur les bords du Loing, la vieille ville de Nemours et son château féodal sont environnés de nombreux sites remontant au Paléolithique supérieur (3500 ans avant notre ère). Ils ont fait de Nemours la capitale de la préhistoire. Entourée de carrières de sable blanc à base de silice (Larchant), Nemours est aussi connue pour sa foire de la Saint-Jean, fin juin. Si Fontainebleau, sa rivale à travers les siècles, lui a ravi sa notoriété administrative, Nemours mérite une longue visite avec son musée de la Préhistoire de l'Ile-de-France. Situé dans un cadre rocheux et boisé, à proximité du GR® 13, ce musée résolument moderne propose deux parcours sur une dizaine de salles qui séduiront même les visiteurs non convaincus. Passionnant pour découvrir les secrets des gravures rupestres de la forêt de Fontainebleau.

le Cormier
Poste gaz
la Roche Messire Jean
Pierre Fitte Menhir
le Bois Tassin
les Roches Cocu
Lunain
le Parc
les Rochettes
Bois Tranzy
les Ortures
Champ Gojé
PR
Vaupuiseau
St-Liesnes
le Prieuré
D 69
Beauregard
la Noue Blondeau
le Murger
Tesnières
Prés de la Bertrée
les Avantoires
St. pomp.
Bois de la Richasserie
GRP
du Lunain
Vallée St-Liesnes
Bois Rouge
les Ricordeaux
Pont Thierry
la Roche au Diable
Lunain
le Moulin de Toussac
Vallée Godefroi
l'Hôpital
le Petit Moulin
Villeneuve
Bne
le Bois de la Forge
Guerlot
Vallée de Guerlot
les Dadés
Cim.
Pale
la Fosse aux Régniers
Bois Lorrain
Ec.
Valfaujuif
Chât.
le Livry
Noyer Bosset
les Buttes
0
1/25000
500 m
N
Feuille 2517 O
© IGN 2005

FAUNE ET FLORE

## Les abeilles du Gâtinais

Apiculture / photo A.-M. M.

Collines boisées, rivières et prairies fleuries ont toujours été appréciées des abeilles ouvrières et butineuses. Le miel est la ressource ancestrale du Gâtinais. Les ruches ont évolué à travers les siècles, des troncs d'arbres creux aux paniers à toits mobiles. Malgré le remembrement, les cultures oléagineuses du colza, du tournesol et du pavot œillette permettent encore l'implantation de nombreuses ruches en Gâtinais. Elles se présentent maintenant sous forme de petites maisons de bois. Vous pourrez ainsi déguster sur place du miel de colza, d'acacia, de tilleul, de fleurs des bois et des prés. Un conseil : ne vous approchez pas à moins de cinq mètres des ruchers.

# Le **Lunain historique**

**La vallée du Lunain traverse le Bocage gâtinais jusqu'à Moret-sur-Loing. Paley, au carrefour de deux voies romaines, dresse son donjon sur un emplacement autrefois consacré au dieu Mercure.**

*Ce circuit permet de visiter le village pittoresque de Paley et la partie nord-ouest de ses environs.*

**1** Prendre vers l'ouest la route des Ricordeaux et de Toussac qui longe le cimetière.

**2** Au premier carrefour, continuer tout droit ; au deuxième carrefour, laisser la route à gauche et poursuivre jusqu'à une ferme (sur la droite). Continuer par le chemin de la vallée du Lunain.

**> À la sortie du bois, on peut, par un chemin à droite, aller au pont Thierry et à un ancien lavoir rénové.**

Poursuivre encore par le chemin jusqu'à un virage et, là, s'engager tout droit dans le petit sentier qui rejoint la route.

**3** Au Prieuré, franchir le Lunain *(vue sur la pisciculture)*. Emprunter à droite la D 69, puis monter à gauche aux Ortures. Traverser le hameau. A sa sortie, prendre à droite la rue du Champ-Goget qui devient un chemin remontant vers le nord-est.

**4** Sur le plateau, prendre à droite un chemin *(en face, dans un champ, le menhir de Pierre-Fitte)*. Avant les premières maisons de Vaupuiseau, tourner à gauche, puis emprunter à gauche la route de Villemaréchal.

**5** Au petit bois, suivre à droite (sud-est) un chemin sur 500 m.

**6** Tourner à droite pour contourner un deuxième bois. Descendre tout droit vers le sud, passer près du nouveau château d'eau. Traverser le hameau de Tesnières, emprunter à gauche la D 69. Au Petit-Moulin, bifurquer à droite pour atteindre le lieu dit L'Hôpital.

**2** Regagner à gauche le village de Paley.

ABEILLE / DESSIN P. R.

**S SITUATION**
Paley, à
80 km au sud-est de
Paris par l'A 6

**P PARKING**
sur la place ombragée
près de l'église de Paley

**B BALISAGE**
**1 à 3** > jaune-rouge
**4 à 5** > jaune
**5 à 6** > jaune-rouge

**À DÉCOUVRIR...**

**>** **En chemin :**
• Paley : église, sarcophages, cimetière, menhir

**>** **Dans la région :**
• Cave aux Fées.
• Préaux : église
• Lorrez-le-Bocage : église, village, vestiges moyenâgeux, petits monuments
• Nanteau-sur-Lunain : église, village, petits monuments

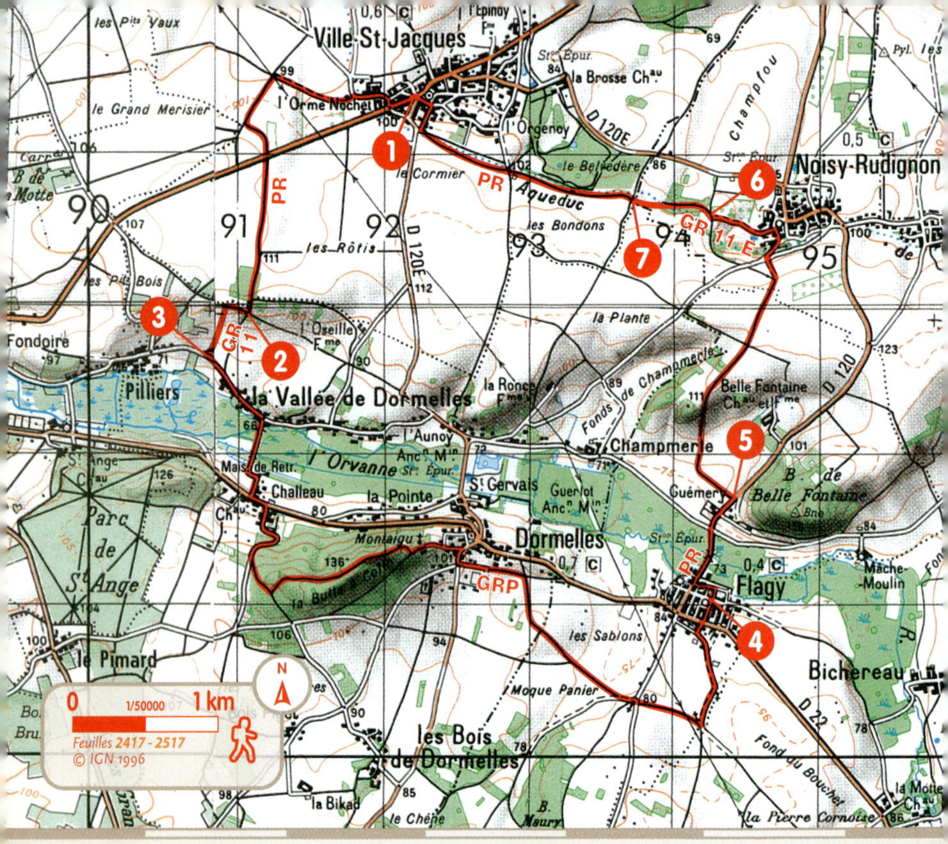

## DICTONS ET PATOIS EN GÂTINAIS

Le Gâtinais est un patois de langue d'oil. Il diffère de la langue parlée en Ile-de-France par des tournures et des mots qui n'existent pas dans le parler classique. Ainsi la terminaison « ai » se prononce « in ». On dit « acouter » pour attendre. Les petits moulins sur les rus étaient des « acoute s'il pleut », comme on peut le dire du moulin de Flagy. Certains dictons varient. Si vous randonnez le 22 juillet, sachez qu' « à la Sainte-Claire, si la journée est chaude et claire, comptez sur les fruits à couteaux, à coup sûr ils seront beaux ». Enfin, après une délicieuse truite de l'Orvanne préparée en papillotte et cuite au four, vous pourrez dire : « j'seu agoué », « je suis rassasié ».

UN PAYSAN BIEN «AGOUÉ» / PHOTO A.-M. M.

# La **basse vallée** de l'Orvanne

Des lavoirs et des moulins, les eaux claires de l'Orvanne classée en rivière de première catégorie, des villages où les églises valent la peine d'entrer, autant d'attraits pour le randonneur dans ce petit coin du Gâtinais.

**1** À la sortie ouest du village, suivre le chemin à gauche, puis le deuxième à gauche sous la ligne haute tension. Prendre ensuite le premier chemin à gauche, traverser la D 403, continuer par le chemin en face.

**2** Tourner à droite puis à gauche.

**3** Emprunter à gauche la route jusqu'au hameau de La Vallée de Dormelles. Au stop, tourner à droite vers Challeau. Au stop suivant, se diriger à gauche puis à droite dans la rue de la Garenne. En haut de la côte, obliquer à gauche dans un chemin, puis prendre le premier chemin à gauche jusqu'à une clairière. Là, appuyer à droite et prendre ensuite à gauche en direction de Dormelles. Au carrefour, emprunter à droite la D 120 sur 100 m, puis suivre le premier chemin à gauche ; 500 m plus loin, tourner à droite dans un autre chemin. Au carrefour *(croix sur la gauche)*, traverser la route et prendre le chemin en face jusqu'à une autre croix. Tourner à gauche pour gagner Flagy. Au cimetière, tourner à droite, traverser la rue d'Episy, descendre la rue Maigrette jusqu'au lavoir.

**4** Franchir l'Orvanne, tourner à gauche, puis emprunter à droite la D 120 sur 500 m. Couper une route.

**5** Après Guémery, tourner à gauche dans un chemin. Poursuivre tout droit jusqu'à Noisy-Rudignon. Suivre le chemin de l'Abreuvoir, puis à gauche la rue de la Petite-Fontaine. À la route, remonter sur la gauche, puis à droite rue de Moret. Tourner ensuite à gauche.

**6** Suivre le terre-plein herbeux de l'aqueduc souterrain de la Vanne.

**7** Croiser un chemin et poursuivre tout droit jusqu'à Ville-Saint-Jacques.

VALLÉE DE L'ORVANNE / PHOTO C. L.

**S SITUATION**
Ville-Saint-Jacques, à 80 km au sud-est de Paris par l'A 6, la N 6

**P PARKING**
de l'église de Ville-Saint-Jacques

**B BALISAGE**
1 à 2 > jaune
2 à 3 > blanc-rouge
3 à 4 > jaune-rouge
4 à 5 > jaune
5 à 7 > blanc-rouge
7 à 1 > jaune

## À DÉCOUVRIR...

> **En chemin :**
• Ville-Saint-Jacques : église
• Challeau : fortin XIe siècle
• Dormelles : église, point de vue sur la vallée
• Flagy : église, vieux moulin, ponts et lavoirs sur l'Orvanne
• Noisy-Rudignon : église, point de vue sur Montereau et la vallée de la Seine

> **Dans la région :**
• Montereau : église Notre-Dame-et-Saint-Loup (XIVe siècle)

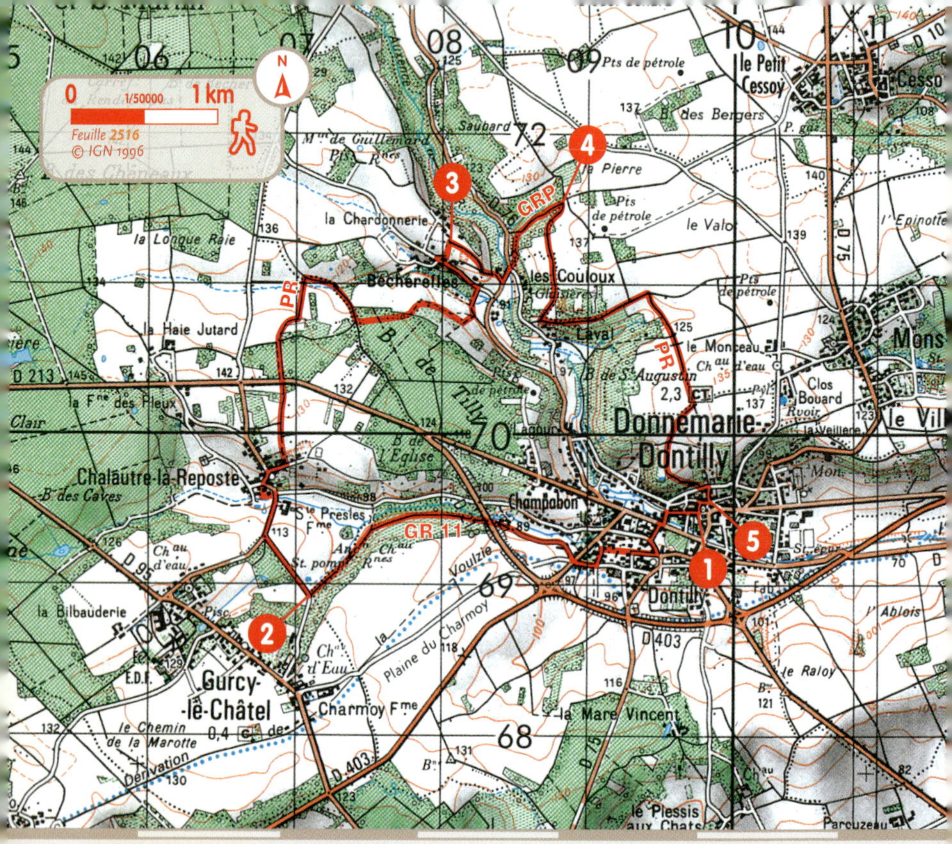

## FAUNE ET FLORE

# LA FLORE DU MONTOIS

L es collines calcaires et ensoleillées de la vallée de l'Auxence sont favorables à la flore calcicole. Cornouillers sanguins, thyms, fusains, cytises jaunes, viornes et orchys se remarquent le long des sentiers. L'orchys et l'ophrys font partie de la famille des orchidaceae qui comporte des dizaines d'espèces. « Moucherons », « abeilles », « bouffons », « militaires », « araignées », « sabot de Vénus », les appellations des orchidées précisent la couleur et la forme de leurs pétales roses, pourpres, verdâtres, blanches ou jaune-verts. La rare céphalantère rouge à lèvre pointue, pousse dans les forêts sèches et sur les sols calcaires. Inutile de préciser que ces orchidées protégées ne doivent pas être cueillies, mais seulement photographiées.

LE « SABOT DE VÉNUS », UNE VARIÉTÉ D'UNE ORCHIDÉE RARE ET PROTÉGÉE… / PHOTO J.H.

# Vallon de l'Auxence

Au sud-ouest de Provins, le vallon de l'Auxence traverse le terroir du Montois. Deux tours et une porte, un jardin médiéval, une magnifique église et son cloître évoquent les grandeurs passées de Donnemarie.

CORNOUILLER SANGUIN / DESSIN N.L.

**S SITUATION**
Donnemarie-Dontilly, à 75 km de Paris par N 19

**P PARKING**
sur la place de l'église de Donnemarie-Dontilly (parking recommandé place du Marché)

**B BALISAGE**
**1 à 2** > blanc-rouge
**2 à 3** > jaune
**3 à 4** > jaune-rouge
**4 à 5** > jaune
**5 à 1** > blanc-rouge

**1** Prendre à droite la rue de la Porte-de-Melun puis à gauche le boulevard du nord. Traverser la D 213, suivre en face la rue du Pré-Padou puis à gauche la rue Marius-Billard. À l'église de Dontilly, tourner à droite rue des Ecoles, poursuivre par un sentier. Prendre à gauche la rue des Sablières, puis suivre à droite la rue des Augères. Traverser la D 403, suivre en face la rue Cassiot jusqu'à un ancien moulin. Poursuivre en sous-bois, longer une pâture jusqu'à une station de pompage.

**2** Tourner à droite, puis encore à droite. Prendre à gauche, face à la ferme, descendre vers le lavoir, rejoindre Chalautre-la-Reposte par une sente, remonter la rue Lamartine puis, à droite la rue Berlioz. Prendre à gauche un chemin tout droit. Traverser la D 213, entrer dans le bois. Contourner à droite l'orée, puis descendre à gauche. Franchir un ru, tourner à droite. Pénétrer à gauche dans le bois de Tilly. À sa sortie, contourner à droite un verger et descendre vers une croisée de chemins. Prendre à gauche, traverser le ru de Bécherelles. Emprunter à gauche la rue de Bécherelles, obliquer à droite puis de suite à gauche dans une sente vers la Chardonnerie.

**3** Tourner à droite, descendre vers le vallon de l'Auxence. Suivre à gauche la D 76, franchir l'Auxence. S'élever à droite au-dessus de la D 76 par un chemin en sous-bois.

**4** Tourner à droite en lisière puis entre deux champs. Descendre. Suivre à gauche un chemin au-dessus de Laval sur 800 m, tourner à droite à l'angle d'un bosquet. Au second croisement, prendre à droite puis à gauche à la fourche suivante ; 50 m plus loin, poursuivre en face. Face au réservoir, tourner à gauche et descendre par le chemin des Grottes. Suivre à gauche une rue, puis prendre à droite la rue de la Maladrerie.

**5** Emprunter à droite la rue du Cloître puis à gauche la rue de l'Église.

## À DÉCOUVRIR...

**>  En chemin :**
• Donnemarie-Dontilly : la porte de Provins, flanquée de tourelles ; église Notre-Dame-de-la Nativité de Donnemarie (XIIIe siècle), avec clocher roman. A côté, se trouve le puits Saint-Joseph sous un auvent. Derrière l'église, l'ancien cimetière par lequel on pénètre par un portail Renaissance, est entouré de deux galeries couvertes du XVIe siècle Eglise Saint-Pierre-de-Dontilly du XIIe siècle

**>  Dans la région :**
• Provins : tour César, églises

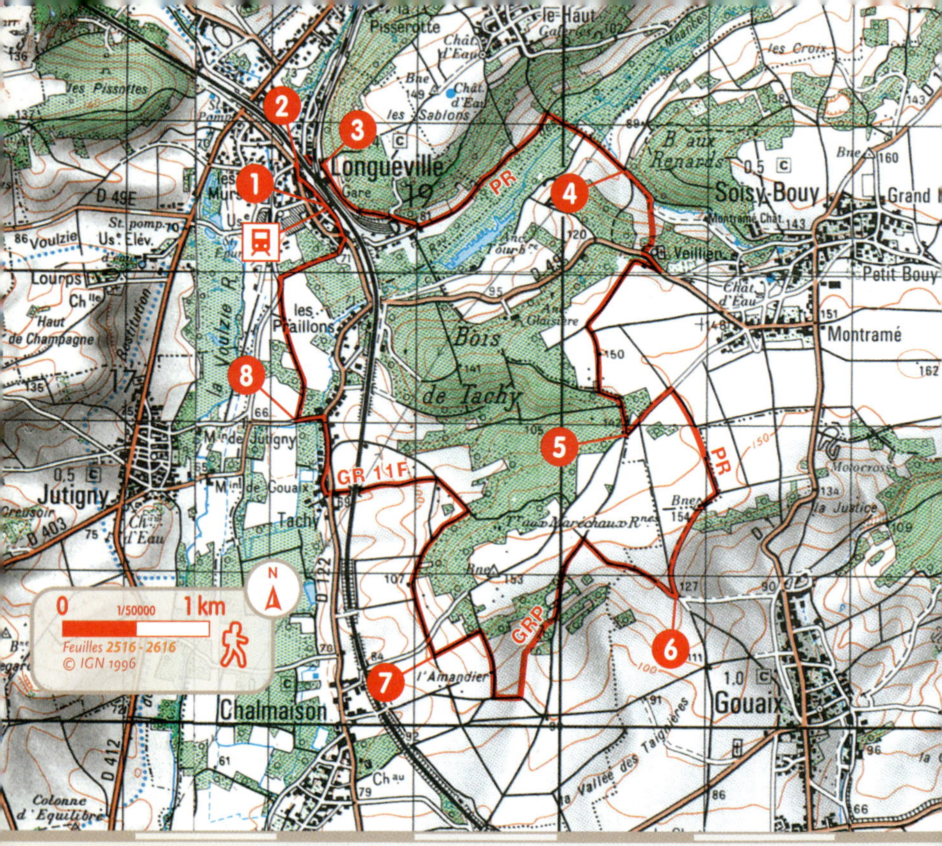

## PATRIMOINE

# LA REINE DE SABA DU PROVINOIS

Saint-Loup-de-Naud, vaut un détour après la randonnée. Le site domine un promontoire entouré d'une enceinte médiévale. Mais le coup de cœur se fait devant l'avant-porche roman du portail gothico-roman (XIIᵉ siècle). Il s'agit de l'un des plus beaux ensembles de la statuaire romane de l'Ile-de-France : les statues-colonnes, grandeur nature, rivalisent avec ceux du portail de Chartres. Les rois mages, Salomon et la reine de Saba, Jérémie et Moïse rivalisent de noblesse et d'expression dans leurs draperies. L'émotion est d'autant plus forte que l'église domine une simple campagne où pourtant se cachent, en contrebas, les curieuses sources païennes du vallon du Dragon.

PORCHE DE SAINT-LOUP DE NAUD / PHOTO A.-M. M.

# Les **hauts** de **Chalmaison**

**PR** agréé® | **7**

**MOYEN**

**3H45 • 15 KM**

« J'aime la Voulzie et ses bois noirs de mûres », évoque le poète Hégésippe Moreau. À rêver en marchant en sous-bois vers l'imposant viaduc ferroviaire et le musée du Train de Longueville.

**1** Prendre à droite les rues de Verdun et Henri-Fouilleret.

**2** Tourner à droite rue de l'Amourée sous le viaduc puis à droite rue Adrée, passer sous le pont ferroviaire.

**3** Suivre à droite le chemin qui surplombe la gare. Descendre, par la route jusqu'au stade. Tourner à gauche le long du stade et poursuivre sur 1 km. Au croisement, tourner à droite et parvenir à une intersection.

**4** Continuer en face et obliquer à droite vers l'église. Suivre à gauche la D 49 sur 100 m. Aller à droite et prendre la première voie à gauche. 500 m après, tourner encore à gauche, continuer tout droit vers le bois, longer la lisière à gauche et entrer en sous-bois.

**5** À la corne du bois, se diriger à gauche vers Montramé sur 400 m, puis tourner à droite. Atteindre un bois, aller à droite, puis rejoindre une route et la descendre jusqu'à l'intersection.

**6** Suivre la route à droite, puis un chemin jusqu'à un carrefour, tourner à gauche. À l'orée du bois, obliquer à gauche, aller à droite sur 20 m puis à gauche. En bas, se diriger à droite sur 200 m pour remonter à droite vers le bois. Longer la lisière sur 80 m, puis descendre à gauche jusqu'à un croisement.

**7** Tourner à droite et poursuivre en lisière du bois. Au bout, descendre à gauche, puis obliquer à gauche. Passer sous la voie ferrée et traverser la D 122. Prendre à droite la rue du Château, suivre à gauche la D 122 puis à gauche, la route de Jutigny.

**8** À la sortie de Tachy, s'engager à droite en lisière du bois et poursuivre. Au carrefour, prendre la route à droite et continuer rue des Abîmes. Emprunter à gauche la rue André-Pineau et, à droite, la rue de Verdun qui ramène à la gare.

MUSÉE FERROVIAIRE DE LONGUEVILLE / PHOTO M.B.

**S** **SITUATION**
Longueville, à 7 km au sud-ouest de Provins par la D 403

**P** **PARKING**
gare

**T** **TRANSPORTS**
gare de Longueville (ligne Paris-Est - Provins)

**B** **BALISAGE**
**1** à **3** > blanc-rouge
**3** à **6** > jaune
**6** à **7** > jaune-rouge
**7** à **1** > blanc-rouge

**!** **DIFFICULTÉS !**
balisage rare entre **4** et **6**

## À DÉCOUVRIR...

**>** **En chemin :**
• Longueville : musée du Train
• Tachy : château
• moulin
• bois de Tachy

**>** **Dans la région :**
• Soisy-Bouy : ferme du château de Montramé
• Chalmaison : église XIIIe-XIVe
• vallée de la Voulzie

## ENVIRONNEMENT

# VIEUX VILLAGES ET CENTRES COMMERCIAUX

Les ruelles de l'ancien village de Nandy n'ont rien perdu de leur attrait. Le pavillon central du château dresse sa façade sur deux étages de brique et de pierre au milieu d'un très beau parc qui peut se visiter. Plus au sud, Seine-Port propose des loisirs nautiques sur la Seine et une foire à la brocante tous les premiers dimanches du mois. Les aménagements sportifs de la plaine des Dix-Huit-Sous sont chauffés à l'énergie solaire. Au retour du circuit, un marché au grand centre commercial de Boissénart (90 000 m$^2$) vous délivrera des problèmes d'intendance de la semaine.

PLATEAU BRIARD / PHOTO A.-M. M.

# Circuit des Villages Briards

GRAND
CORMORAN /
DESSIN P.R.

**Au sud de la ville nouvelle de Sénart, sur les bords de Seine, la forêt de Rougeau s'étend jusqu'à Nandy, aux portes de Melun, dans un environnement urbanisé fortement contrasté.**

**1** Suivre vers l'ouest le ru de Savigny. Prendre à droite la rue Gally puis à gauche la rue Grande. Longer à nouveau le ru de Savigny. Au mur du château de Nandy, obliquer à gauche et remonter le ru de Nandy pour atteindre le vieux Nandy. Continuer par la rue Neuve puis à gauche par la rue d'Arqueil.

**2** Prendre à droite la rue de la Poste. Traverser la N 446 et gagner le pavillon Royal.

**3** Descendre à gauche, puis continuer tout droit. Dans Seine-Port, à la place de Madame-de-Montesson, tourner à gauche. Prendre à droite et pénétrer à gauche dans le parc de la Baronnie. Franchir le ru de Balory, tourner à droite dans le lotissement et couper la rue Ernest-Legouvé, puis monter par le premier chemin à gauche. Obliquer à gauche dans le chemin de la Bernarde, puis à droite dans la rue M. Desvallière.

**4** Après le transformateur, s'engager dans la sente jusqu'au chemin de la Porte-Jaune. Tourner à droite, descendre vers le Balory puis remonter. Utiliser à gauche la rue de Melun, puis à gauche la rue du Moulin-Neuf. Dépasser celui-ci et gagner le hameau de Noisement.

**5** Descendre à droite. Franchir le Balory. Bifurquer dans le chemin à gauche. Traverser Saint-Leu par les rues Neuve à gauche et du Château à gauche. Dépasser le château de Saint-Leu, puis bifurquer dans le second chemin à gauche et à la sortie du bois, longer à gauche la N 446. Passer sous la route et gagner le rond-point de la Gare.

**6** Se diriger à gauche par le chemin piétonnier. Au prochain rond-point, prendre à gauche vers l'ancienne nationale et, après le pont, bifurquer à droite pour contourner l'étang, puis rejoindre l'écomusée.

---

**S SITUATION**
Savigny-le-Temple, à 40 km au sud-est de Paris par A 6, N 104, A 5a, D 50, N 446

**P PARKING**
de l'écomusée de Savigny-le-Temple (Vieux-Bourg)

**T TRANSPORTS**
gare de Cesson (RER D)

**B BALISAGE**
1 à 3 > jaune
3 à 6 > blanc-rouge
6 à 1 > jaune

---

## À DÉCOUVRIR...

> **En chemin :**
• Ferme du Coulevrain, place Georges-Henri Rivière : écomusée Expositions temporaires, visite tous les après-midi sauf le mardi
• Pavillon royal. Château de Saint-Leu (1886)
• Seine-Port : loisirs nautiques et foire à la brocante tous les premiers dimanches du mois (sauf janvier et septembre)

> **Dans la région :**
• Nandy : château XVIIe siècle (1660)

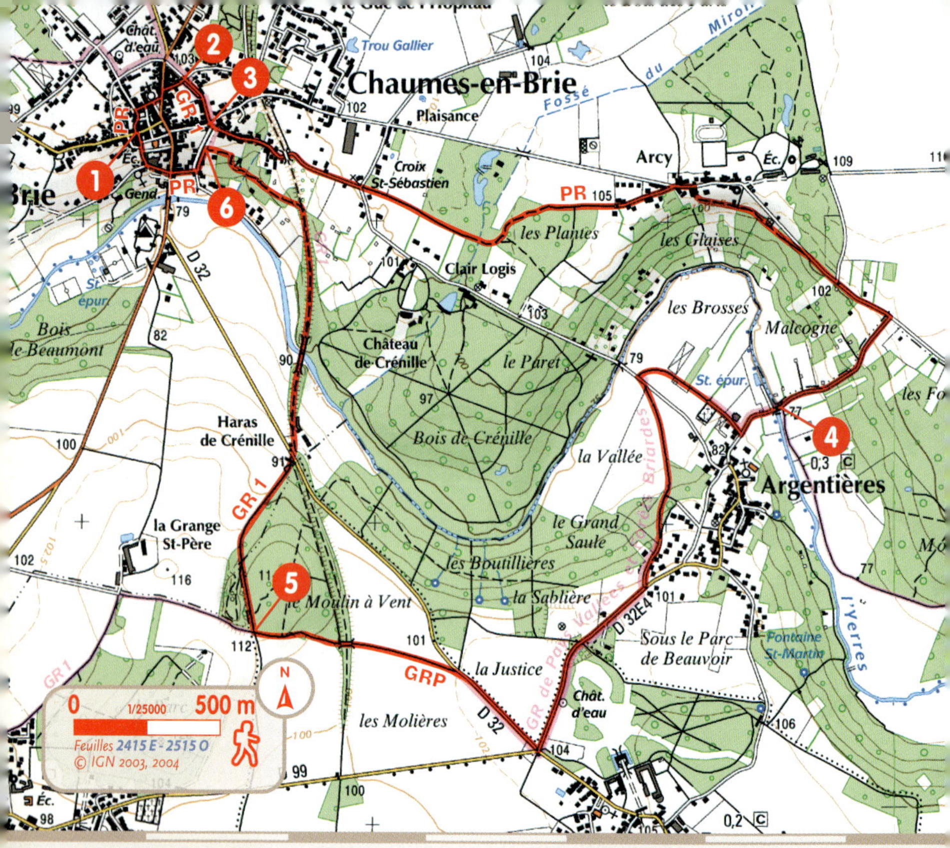

## SUR LA ROUTE DES TEMPLIERS

Les itinéraires vers la Commanderie templière de Provins, sont marqués du même esprit médiéval. Après la visite de l'église briarde de Saint-Pierre à Chaumes-en-Brie, typée par ses quatre pignons et le magnifique tableau de Philippe de Champaigne sur la Crucifixion, vous êtes déjà quelques siècles en arrière. Faites un petit détour à l'est, sur la N 19. Remarquez le long de la chaussée, les anciennes bornes de pierre, frappées du lys royal. Elles jalonnaient l'itinéraire royal vers Reims. À Nangis, les remparts fortifiés servaient de refuge aux voyageurs pendant les grandes foires du Moyen Age. Toute proche, l'église Saint-Eliphe-de-Rampillon a été restaurée. Son portail de grès est consacré au Jugement dernier. Il est entouré de merveilleuses sculptures de motifs végétaux et de têtes animales et humaines.

MÉANDRES DE L'YERRES À CHAUMES-EN-BRIE / PHOTO P.H.

# Circuit de Chaumes-en-Brie

**PR®** **9**

**FACILE**

**3H • 9KM**

**Au sud de la forêt d'Armainvilliers, l'église de Chaumes-en-Brie domine la vallée de l'Yerres. « Bricoles » ou fermes briardes, puits et moulins à vents donnent leur identité au plateau briard.**

**①** De la place de la mairie, prendre en direction nord la rue du Cloître, la rue de l'Archelet puis se diriger à droite. Passer devant l'église, monter légèrement par la D 402 et s'engager à droite dans la rue de Verdun.

**②** Emprunter à droite le boulevard des Barres et descendre en longeant les anciennes fortifications jusqu'à la place Massa.

**③** Par la rue Nicollet, à gauche, passer sous l'ancienne ligne de chemin de fer et monter jusqu'à la croix Saint-Sébastien. Poursuivre en face le chemin Vert, tout droit sur 500 m environ et obliquer légèrement sur la gauche jusqu'à Arcis. Emprunter la route tout droit et s'engager à droite dans le premier chemin entre les maisons pour contourner le hameau. Suivre la route sur 500 m. Au deuxième carrefour, descendre à droite.

**④** Franchir l'Yerres et, plus loin, tourner à droite. Dépasser le cimetière, couper la route, continuer à gauche par un chemin montant. Suivre à droite la D 32 E jusqu'au croisement avec la D 32. Tourner à droite puis, 400 m plus loin, s'engager dans le chemin à gauche. Passer au-dessus de l'ancienne voie de chemin de fer et longer la lisière du bois

**⑤** À la croisée de chemins, tourner à droite, traverser la D 32 au haras de Crénille et emprunter l'ancienne voie ferrée nommée Allée Jehan-Michel. Dépasser le viaduc *(point de vue sur le village de Chaumes)* et, 500 m plus loin, prendre à gauche le sentier de la Brèche-des-Vignes.

**⑥** Suivre à gauche le boulevard Paulat qui tourne ensuite à droite.

**> Dans le virage avant la D 402, possibilité de pique-niquer sur les bords de l'Yerres *(tables aménagées)* en suivant tout droit le chemin du Pré-Martin.**

Couper la D 402, continuer en face par la rue Dumont qui remonte à droite vers la place de la mairie.

COQUELICOT / DESSIN N.L.

**S SITUATION**
Chaumes-en-Brie, à 43 km à l'est de Paris par N 19 , puis D 402

**P PARKING**
sur la place de la Mairie (place du Maréchal-Foch)

**B BALISAGE**

**1 à 2** > jaune
**2 à 3** > blanc-rouge
**3 à 4** > jaune
**4 à 5** > jaune-rouge
**5 à 6** > blanc-rouge
**6 à 1** > jaune

## À DÉCOUVRIR...

**>** **En chemin :**
• Chaumes : église du XIII e siècle. Ferme de Forest

**>** **Dans la région :**
• Beauvoir : château du XVIIIe siècle

## ÉCONOMIE

# L'ACTIVITÉ MEUNIÈRE

Au fil des siècles en Brie, moulins à eau et à vent se sont ancrés dans le paysage, aussi importants que l'église ou le château. Les rivières du Grand Morin et de l'Aubetin, dont le débit est assez important, se prêtent facilement à l'activité meunière, l'eau étant une énergie plus régulière que le vent. La qualité de l'eau a longtemps favorisé l'implantation de tanneries et de papeteries. Aussi, la vocation de la Brie, « grenier à blé de Paris » a permis d'implanter des moulins à blé et à huile. Une soixantaine de moulins traditionnels à blé, à huile, à tan, ont disparu ou ont été reconvertis en papeteries, usines de caoutchouc, fabriques de couverts, etc. Aujourd'hui, sont toujours visibles sur le territoire : le moulin des Couverts à Mouroux, les moulins de Pommeuse, le moulin de Prémol à Guérard ou bien encore le moulin des îles à Saint-Augustin, entre autres.

MOULIN DE LAVAL / PHOTO J. M. E

# Les **moulins** de l'Aubetin

La commune de Saints vous invite à parcourir ses sentiers : vous y découvrirez les anciens moulins alimentés par l'Aubetin, plusieurs châteaux, des croix de chemins et de nombreuses sources.

**1** De la place de l'Église, descendre à gauche, contourner l'église, prendre la rue du Clos-de-la-Cure à gauche, la Grande rue à droite, entrer à droite dans la cour du Pressoir et poursuivre par la rue du Chardon. Emprunter la route des Paroches à gauche. Dans le virage, continuer par le chemin, tourner à gauche, puis remonter à gauche.

**2** Emprunter la D 15 à droite. Elle franchit un ru et monte. S'engager sur le chemin à droite. Descendre, franchir l'Aubetin, remonter et se diriger à droite vers Maison-Meunier. Couper la D 112 et traverser le hameau.

**3** Au niveau de la ligne électrique, prendre le chemin à droite, couper la route, longer le bois, puis entrer par le chemin à droite. À la fourche, monter par le chemin à droite, franchir la crête boisée, croiser la D 112 et continuer en face sur 150 m.

**4** À la corne du bosquet, partir à gauche vers Glatigny, couper deux rues et poursuivre vers Mémillion. Descendre par la rue à droite (lavoir). Elle traverse le hameau puis longe l'Aubetin.

**5** Au moulin de Maingérard, prendre la route à droite, franchir l'Aubetin, puis monter par le chemin à gauche. Il longe la rive de l'Aubetin et débouche dans la rue de Laval.

> Le château des Coteaux, le gué et le moulin de Laval se trouvent à gauche, à 150 m environ.

**6** Prendre la rue de Laval à droite, poursuivre par la rue de la Tour pour entrer dans Saints et, par la rue de Verdun, rejoindre la place de l'Église.

CHÂTAIGNES / DESSIN N.L.

**S SITUATION**
Saints, à 9 km au sud de Coulommiers par les D 934, D 402 et D 15

**P PARKING**
Place de l'Église

**B BALISAGE**
jaune

**! DIFFICULTÉS !**
terrain gras par temps humide

**À DÉCOUVRIR...**

**> En chemin :**
• croix du Moine
• château de la Tour
• moulin de Laval et gué
• Saints : église XIVe siècle, ancienne halle aux veaux

**> Dans la région :**
• Vaudoy-en-Brie : site gallo-romain, fontaine Saint-Médard
• Saint-Augustin : chapelle et source miraculeuse Sainte-Aubierge, obélisque de Ledoux

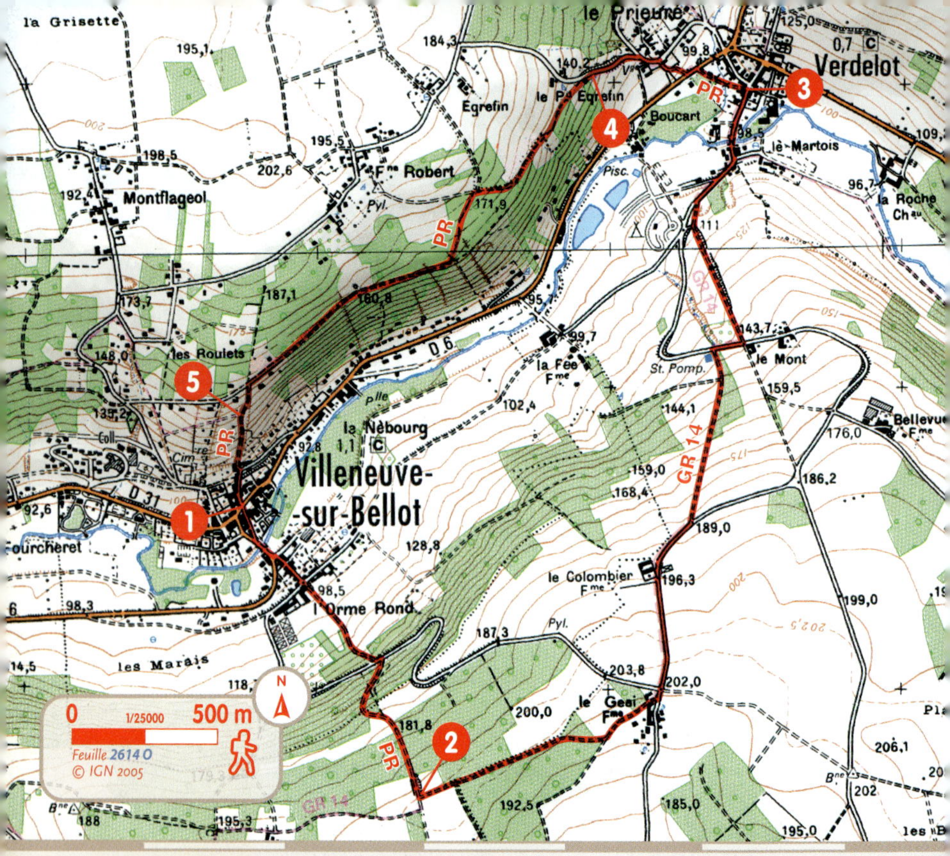

## HISTOIRE

## POUR RANDONNEURS SEULEMENT

Saint Crépin et saint Crépinien sont les patrons des cordonniers. Inutile de préciser qu'ils pourraient être aujourd'hui les mécènes des marchands de chaussures. L'église Saint-Crépin et Saint-Crépinien à Verdelot est construite sur un promontoire. À la fois gothique et Renaissance, ses styles sont mélangés. À l'époque romaine, les martyrs Crépin et Crépinien, tout à la fois anglais et français, chaussaient les pauvres gratuitement avec de bons souliers. Rien de tel pour énerver les riches bourgeois ! Ils furent plongés dans du plomb fondu, avant d'être découpés en lanières et décapités... Il n'y avait pas de syndicats à l'époque pour les défendre. À

fêter le 25 octobre en mettant de bonnes chaussures aux pieds.

TOUJOURS BIEN SE CHAUSSER... / PHOTO A.-M. M.

# Circuit de Villeneuve-sur-Bellot

## PR® 11

### FACILE

### 3H • 9 KM

Sur les rives du Petit-Morin, ce circuit évoque saint Crépin et saint Crépinien, patrons des cordonniers et cher aux pieds des randonneurs. Marchons aussi pour rejoindre le bateau-lavoir du Petit-Morin, célébré par Pierre Marc-Orlan.

**1** Emprunter, à gauche de la boucherie, la rue de l'Abreuvoir menant vers le Petit-Morin et tourner à droite vers la rue du Pont *(à gauche, bateau- lavoir)*. Franchir le Petit Morin, puis emprunter en face la rue de l'Orme-Rond Traverser la rue du Geai et s'engager tout droit dans un chemin s'élevant jusqu'à une route. La suivre quelques mètres à gauche, puis monter à droite un chemin en lacets.

**2** Sur le plateau, prendre le chemin de gauche. Au hameau du Geai, suivre une route (C 4) à gauche. Peu après la ferme du Colombier, descendre à gauche par un chemin en direction de Verdelot jusqu'à une route. La remonter à droite puis poursuivre à gauche la descente par un chemin herbeux aboutissant en face de l'ancienne gare de Verdelot. Suivre la route vers la droite. À une intersection dans le quartier du Martois, tourner à gauche vers Verdelot. Franchir le Petit-Morin.

**3** À l'intersection de rues suivante, s'engager à gauche dans un chemin asphalté entre deux maisons qui aboutit à la D 6. La suivre à gauche puis emprunter aussitôt à droite une sente qui vient longer l'arrière de l'ancien prieuré. Dans le hameau du Prieuré, suivre à gauche la route pour gravir aussitôt le chemin goudronné menant à l'Egrefin.

**4** Dans un virage, s'engager à gauche dans une sente privée *(grâce à une tolérance du propriétaire, le passage y est autorisé ; ne pas manquer de refermer les éventuelles barrières placées en été pour le bétail)*. À une croisée de chemins, descendre à gauche dans un chemin. À la sortie du bois, après une villa, descendre à gauche la rue de la Fontaine jusqu'à une intersection.

**5** Poursuivre la descente jusqu'à la rue de Rocmont. Emprunter la rue de la Miche jusqu'à la place Constant-Gallot de Villeneuve-sur-Bellot.

TOURTERELLE DES BOIS / DESSIN P.R.

**S SITUATION**
Villeneuve-sur-Bellot à 85 km à l'est de Paris par A 4, N 3, D 31

**P PARKING**
place Constant-Gallot à Villeneuve-sur-Bellot

**B BALISAGE**
1 à 2 > jaune
2 à 3 > blanc-rouge
3 à 1 > jaune

**! DIFFICULTÉS !**
4 et 5 > passage en propriété privée, autorisé aux seuls randonneurs pédestres (refermer les barrières)

## À DÉCOUVRIR...

> **En chemin :**
• Villeneuve-sur-Bellot : église XIIe-XVIe
• Verdelot : église Saint-Crépin et Saint-Crépinien (patrons des cordonniers), pélerinage le troisième dimanche de septembre pour Notre-Dame-de-la-Pitié dont la statue (XIIe siècle) est promenée jusqu'au prieuré (ancien prieuré bénédictin) ; vestiges du portail de l'ancienne chapelle (XIe)

> **Dans la région :**
• Bellot : église du XIIIe (remaniée du XVIe au XVIIIe avec fresques naïves sur les voûtes.
• Le Fourcheret : manoir du XVIIIe

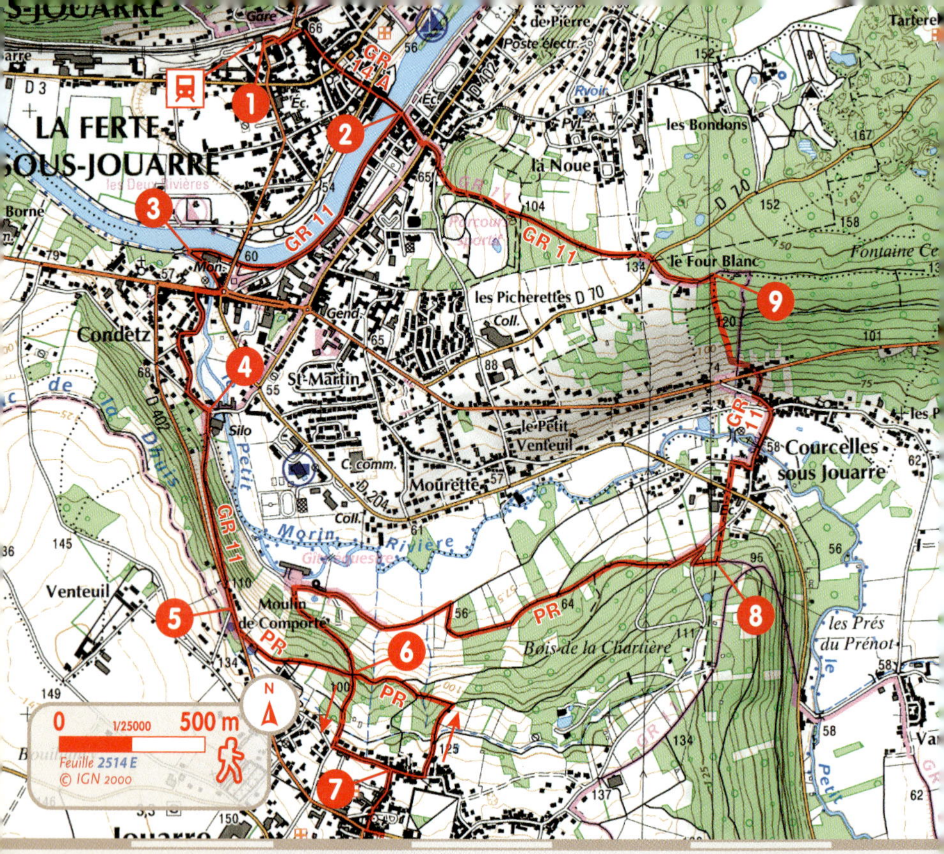

## PATRIMOINE

# LES CRYPTES DE JOUARRE

Les cryptes mérovingiennes de l'abbaye de Jouarre ont rendu célèbre ce bourg qui domine le Petit-Morin. L'abbatiale Notre-Dame fait partie de l'ensemble monumental de l'abbaye bénédictine fondée vers 630 par Adon. Sa tour carrée abrite le musée historique et archéologique. Un bon début avant de visiter les cryptes, uniques en France de par leur architecture et sculptures du VIIe siècle, dans un état de conservation remarquable. Des colonnes de remploi d'époque gallo-romaine supportent d'exceptionnels chapiteaux de type corinthien du VIIe siècle. Là, dans la quiétude souterraine, reposent les magnifiques tombeaux de saint Adon, sainte Ozanne, sainte Telchide et saint Agilbert. La crypte voisine de Saint-Ebrégésile s'anime de colonnes et de chapiteaux à feuilles d'acanthe. Un régal pour les amateurs de vieilles pierres.

PHOTO F.B / O.T. J.

# L'abbaye de Jouarre

Que d'activités autour de l'église de Jouarre ! Une crypte méro-vingienne, une abbaye romane et un monastère habité par plus de soixante bénédictines, pour marquer le départ vers le Petit-Morin

**1** De la gare, partir à gauche, puis suivre à droite les rues Michel-Fauvet et Pelletier *(parking à gauche)* ; franchir le pont sur la Marne.

**2** Tourner à droite, longer la Marne, passer sous le pont et rejoindre le Petit-Morin.

**3** Le longer à gauche. Passer le rond-point par la droite, traverser *(passage-piétons)* et, en face, emprunter la rue du Petit-Pays. Aller à gauche aux deux bifurcations suivantes.

**4** Avant le moulin, monter à droite vers Jouarre et rejoindre la D 402.

**5** Poursuivre sur la D 402, bifurquer à gauche et atteindre une croisée de chemins.

**6** Tourner à droite puis à gauche dans la rue Lafontaine.

**7** Se diriger à droite vers l'église et suivre la rue Montmorin à gauche *(abbaye)*. Revenir sur ses pas et aller deux fois à droite pour gagner la place Saint-Paul *(cryptes)*. Reprendre à droite la rue du Petit-Palais.

**7** Suivre la rue Pierre à droite sur 50 m et tourner à gauche.

**6** Dévaler le chemin à droite. Au moulin, prendre la voie à droite sur 600 m. Après un verger, gravir le chemin à droite. Il vire à gauche puis, plus loin, monte à droite. Couper deux petites routes et atteindre l'aqueduc de la Dhuis.

**8** Descendre par le terre-plein de l'aqueduc à gauche, couper la D 204, continuer par la rue à droite puis la rue à gauche. Franchir le Petit-Morin. Sur la place, monter la rue Solvet, suivre la D 407 à droite sur 50 m et parcourir l'aqueduc à gauche. Le quitter à gauche et poursuivre en sous-bois.

**9** Prendre le chemin à gauche, couper la D 70, puis bifurquer à gauche et descendre. Suivre la rue du Guet, la rue du Faubourg et atteindre la Marne.

**2** Franchir le pont et rejoindre le point de départ *(gare ou parking)*.

**S SITUATION**
La Ferté-sous-Jouarre, à 20 km à l'est de Meaux par la N 3

**P PARKING**
halte fluviale, boulevard du 8-mai-1945

**T TRANSPORTS**
gare de La Ferté-sous-Jouarre (ligne Paris-Est - Château-Thierry)

**B BALISAGE**
**1 à 5** > blanc-rouge
**5 à 8** > jaune
**8 à 1** > blanc-rouge

**! DIFFICULTÉS !**
montée glissante par temps de pluie entre **8** et **9**

## À DÉCOUVRIR...

**> En chemin :**
• La Ferté-sous-Jouarre : mairie XIXe siècle
• confluent de la Marne et du Petit Morin
• Jouarre : abbaye, cryptes VIIe-VIIIe siècle (sarcophages remarquables), église XVe-XVIe siècle, musée briard, fabrique de brie fermier
• aqueduc de la Dhuys

**> Dans la région :**
• La Ferté-sous-Jouare : bois départemental de la Barre, tour du château-fort
• Saint-Cyr-sur-Morin : église XIIe-XIVe siècle ; maison de Mac Orlan ; musée des Pays de Seine-et-Marne

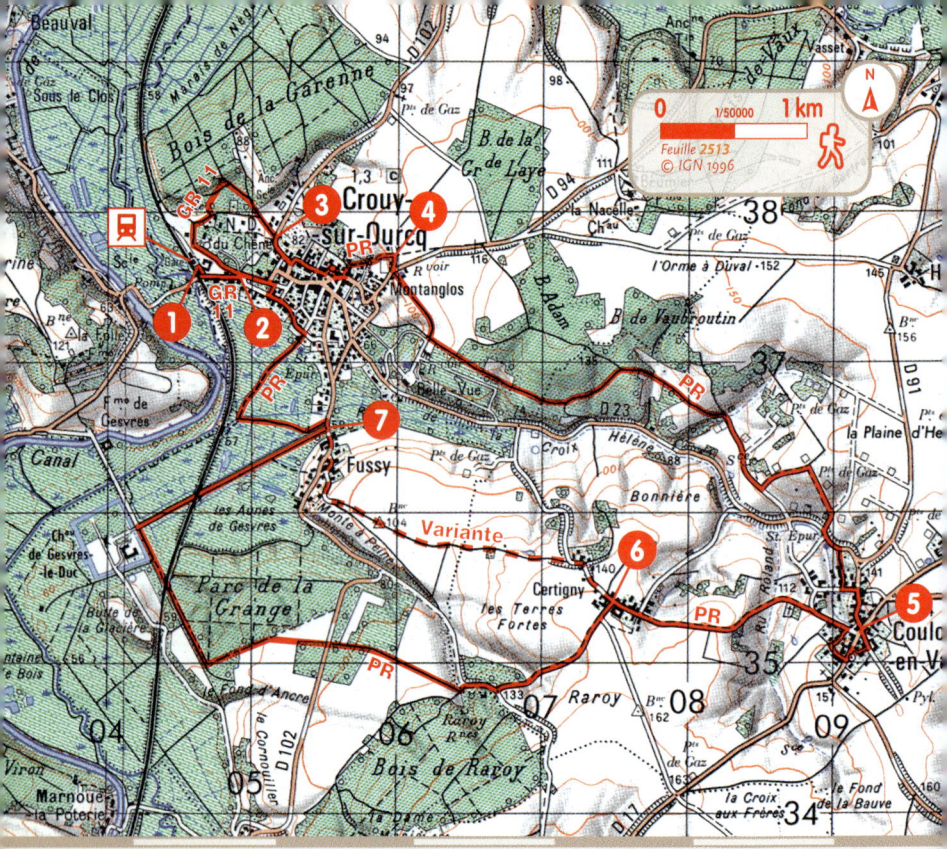

# PATRIMOINE
## LE DONJON DU HOUSSOY

Le château fut construit au XIVᵉ siècle sur les bases d'une maison forte au bord de la rivière Ourcq (XIᵉ siècle) par le seigneur Robert de Sepoix. Assorti d'une ferme, son originalité résidait dans son donjon de forme carrée, érigé vers 1390. Suite à l'incendie lors du siège du château par le duc de Lorraine en 1652, le logis brûla entièrement, ainsi que ses habitants. Ne subsistent que les trois cheminées que l'on peut voir actuellement. Le donjon résista à l'incendie, servit de pigeonnier pendant de nombreuses années, puis fut peu à peu abandonné. Il comprend cinq étages voûtés couronnés d'une galerie circulaire, remise en état par l'Association de sauvegarde de la Basse Vallée de l'Ourcq. Il jouxte une ferme forte coiffée de mâchicoulis.

# Les **fiefs** de **Crouy**

Près de l'ancienne frontière entre Champagne et Île-de-France, découvrez forteresse et châteaux d'agrément, nombreux sur le terroir de Crouy.

**1** Sortir de la gare à droite, prendre la rue à gauche et gagner un carrefour.

**2** Tourner à gauche et, après le manoir aux Quatre-Vents, entrer dans le bois de la Garenne. Passer l'oratoire de Notre-Dame-du-Chêne et déboucher sur la D 102.

**3** Se diriger à droite vers le centre du bourg, prendre la rue Geoffroy à gauche, passer la poste et la mairie. Avant la place du Marché, emprunter à gauche la rue qui fait le tour de l'église et qui débouche devant le gîte. Plus haut, s'engager à gauche dans la cour Raphaël, puis monter vers le stade.

**4** Tourner à droite, couper la D 94 et poursuivre par le chemin. Au château de Bellevue, continuer à gauche, traverser la clairière et monter à gauche par le sentier bordé de robiniers. Descendre par la petite route à droite, remonter par le deuxième chemin à gauche, puis redescendre à droite. Prendre la D 23 à gauche, le chemin à droite (prolongé en rue Canes) puis la rue du Puits-d'Amour à gauche et virer à droite.

**5** Au carrefour, poursuivre en face, virer à droite, monter par la Grand rue à gauche. Après l'église, emprunter la rue des Ménétriers à droite, la rue des Dames-de-Chelles à droite et la rue Pissotte à gauche. Passer tout droit le cimetière, puis monter à Certigny et gagner l'ancienne ferme du Colombier.

> **Variante** *(circuit de 14,5 km)* : continuer en face et gagner Fussy.

**6** Prendre la route à gauche et, dans le virage, descendre par le chemin vers le bois de Raroy. Continuer à droite en sous-bois, puis bifurquer à gauche. Traverser la D 102, longer le parc de la Grange en virant à droite, franchir la voie ferrée et parvenir aux douves du château de Gesvres. Emprunter la route à droite et déboucher sur la D 102.

**7** La suivre à gauche, puis s'engager sur le chemin à gauche. Prendre à droite le chemin qui traverse le marais de la Grande-Prairie. Après la station d'eau, emprunter la rue Meuniers à gauche, passer dans le parc Champivert, puis gagner le carrefour de l'aller.

**2** Rejoindre la gare.

**S SITUATION**
Crouy-sur-Ourcq, à 23 km au nord-est de Meaux par les D 405 (direction Soissons) et D 94 (à May-en-Multien)

**P PARKING**
gare

**T TRANSPORTS**
gare de Crouy-sur-Ourcq (ligne Paris-Est - La Ferté-Milon)

**B BALISAGE**
**1 à 3** > blanc-rouge
**3 à 2** > jaune
**2 à 1** > blanc-rouge

**! DIFFICULTÉS !**
marais de la Grande-Prairie inondable entre **7** et **2**

## À DÉCOUVRIR...

> **En chemin :**
• Crouy-sur-Ourcq : donjon du Houssoy XIVe siècle Coulombs-en-Valois : lavoir, église XVe siècle  ruines de l'ancien prieuré de Raroy
• marais de la Grande-Prairie
• château du Champivert

> **Dans la région :**
• Crouy-sur-Ourcq : musée de la Vie quotidienne et du Terroir
• May-en-Multien : église XIIe-XVe siècle (tour XVe siècle )

## ENVIRONNEMENT

## LE GRAND MORIN

Principal affluent rive gauche de la Marne, le Grand Morin ou « *Mucra Magna* » est une rivière (112 km) peu polluée traversant principalement des domaines privés. Le canoë-kayak y est souvent pratiqué malgré l'inconvénient de nombreux arbres encombrant son cours d'eau. Barrages et déversoirs donnent au Grand Morin un aspect sauvage. Ses rives évoquent les paysages du peintre Corot à Crécy-la-Chapelle où le Grand Morin faisait vivre les tanneurs autrefois. À traverser par les canaux et les lavoirs cette bourgade surnommée « la Venise de la Brie ». La visite de la superbe collégiale Notre-Dame à La Chapelle-sous-Crécy (XIIᵉ siècle), sur les rives mêmes du Grand Morin, est incontournable.

KAYAKISTES SUR LE GRAND MORIN / PHOTO A.-M. M.

# La **Venise briarde**

Une randonnée le long des petits canaux ou « brassets » du Grand-Morin. La Chapelle-sur-Crécy mérite un détour pour voir l'un des plus beaux exemples d'églises gothiques en Ile-de-France.

TILLEUL/ DESSIN N.L.

**S SITUATION**
Crécy-la-Chapelle, à 13 km au sud de Meaux par les A 410 et N 34

**P PARKING**
gare

**T TRANSPORTS**
gare de Crécy-la-Chapelle (ligne Paris-Est - Meaux, correspondance à Esbly, assurée par autocars les dimanches et jours fériés)

**B BALISAGE**
**1 à 2** > blanc-rouge
**2 à 8** > jaune
**8 à 1** > blanc-rouge

**❶** De la gare, suivre à gauche la rue bordée de tilleuls, traverser la rue de Bouleurs et aller en face, rue du Bon-Accueil. Poursuivre à droite par la sente des Baulnes. Emprunter à gauche la promenade qui longe le Fossé de la Ville. À la Porte de la Chapelle, traverser à droite puis obliquer à gauche. Continuer rue Barrois, rue Dam'Gilles et franchir le Grand-Morin.

**❷** Au carrefour, prendre le chemin Vert à droite sur 1 km, puis monter à gauche.

**❸** Virer à droite puis obliquer à gauche. Suivre à gauche la rue principale de La Ronce, puis à droite la rue de l'Orme. Traverser la place et continuer.

**❹** S'engager à droite dans la ruelle de la Rondet. Au bout, aller à gauche puis à droite. Au bois, descendre à droite en lisière, obliquer à gauche et gagner une croisée de chemins.

**❺** Emprunter à droite le chemin qui descend. À la bifurcation, aller à droite, puis obliquer à gauche en angle aigu. Descendre la route à droite. Avant l'église, partir à droite. Poursuivre tout droit la D 406. Dans le virage, partir à droite. Tourner à gauche rue du Bas-de-Villiers.

**❻** Virer à droite. À la gare, suivre la rue du Souterrain pour franchir la voie ferrée. Prendre à droite la N 34 sur quelques mètres et monter à gauche vers Montbarbin. Emprunter à droite la rue du Fresne, puis tourner à gauche dans la ruelle de Montbarbin. Rejoindre un chemin sur le plateau.

**❼** Le suivre à droite, couper la D 33, continuer en face puis obliquer à droite. Au bout du chemin, tourner à gauche et rejoindre la route.

**❽** La prendre à droite et emprunter à droite la rue des Chanterennes. Au carrefour, aller à droite sur 400 m, puis descendre à gauche. Couper la route puis la N 34 et continuer sur une sente. Prendre à droite la rue du Bon-Accueil et rejoindre la gare.

## À DÉCOUVRIR...

**>** **En chemin :**
• Crécy : « brassets » de la Venise briarde, tour carrée de l'église Saint-Georges XIIIe siècle ; chemin de ronde
• vallée et coteaux du Grand-Morin

**>** **Dans la région :**
• La Chapelle-sur-Crécy : collégiale XIIIe siècle, sépulture antique
• Villiers-sur-Morin : maison de Vercors
• moulins
• forêt de Crécy

# Découvrir,
# Le Val-de-Marne

De gauche à droite : Sente à Marolles-en-Brie ; Château de Santeny ; Forêt Notre-Dame ; Santeny : le Réveillon et le pigeonnier de la ferme des Lyons / photos J.-P. J.

Quelques roses sur un air de musette ? Le Val-de-Marne, c'est plus que cela. Les parcs et les jardins font les nombreux espaces verts de ce jeune département. L'architecture y est à la fois industrielle, rurale et résidentielle. En s'approchant de Paris, les fermes briardes se transforment en résidences secondaires datant pour la plupart des deux Empires, pour aboutir au bois de Vincennes et à son tout puissant château féodal. Contrastes rapides mais toujours intéressants. Les autoroutes et l'aéroport d'Orly plantent sans doute leur modernité au détriment du paysage. Mais comment ne pas s'attendrir devant le circuit de l'aqueduc de Cachan, le chemin de halage de Saint-Maur-des-Fossés, les demeures bourgeoises, la culture d'orchidées de Boissy-Saint-Léger, les splendeurs des châteaux de Gros-Bois et d'Ormesson ou encore les modestes ogives de l'église de Marolles-en-Brie ? Le Val-de-Marne industriel a aussi son intérêt. Son patrimoine se rencontre aux entrepôts d'Ivry-sur-Seine, à la centrale thermique de Vitry-sur-Seine, aux usines automobiles de Choisy-le-Roy, aux carrières de sable de Villeneuve-le-Roi et, bien sûr aux halles de Rungis. Et la randonnée dans tout cela ? Les rendez-vous verts et inédits sont nombreux. Des idées de découverte pour les panoramas sur la Bièvre au parc Raspail à Cachan, les plantes aromatiques et médicinales au parc du Rancy à Bonneuil-sur-Marne ou encore les sentiers pédagogiques en forêt.

Ci-contre : Port de Nogent-sur-Marne / photo CH. M.

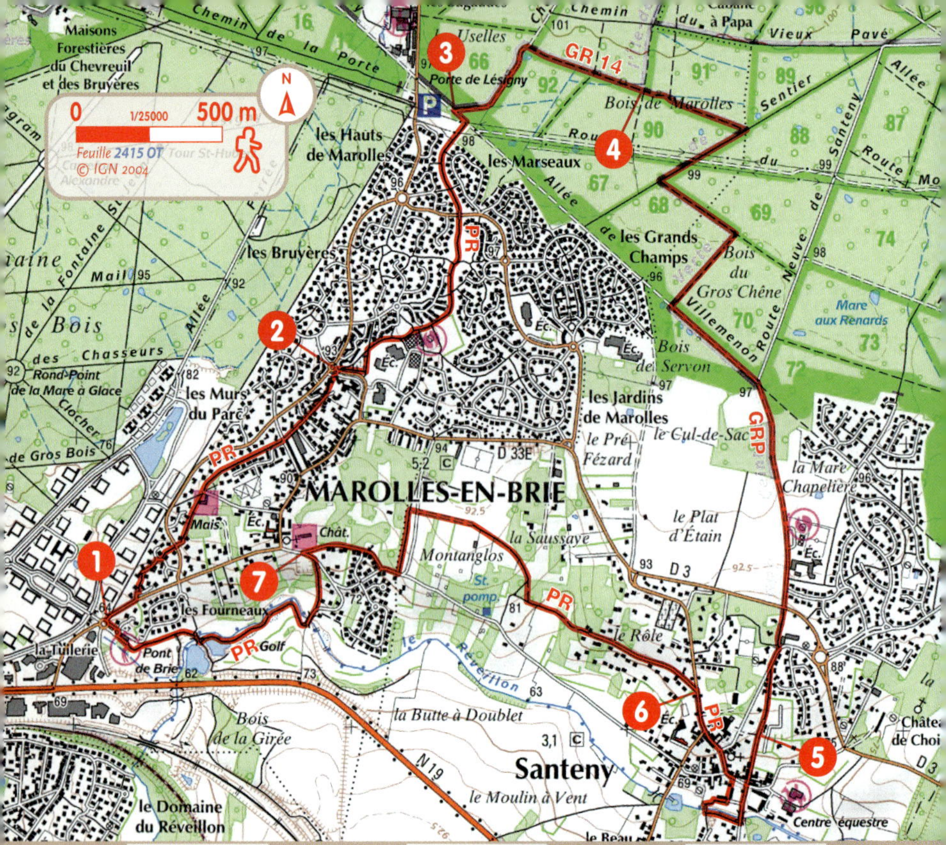

# PATRIMOINE

## MAROLLES-EN-BRIE

Marolles-en-Brie conserve l'allure des villages d'autrefois. Il est situé sur le plateau briard, bordé au nord par la forêt Notre Dame et à l'est par la vallée du Réveillon. L'église est l'une des plus anciennes du Val-de-Marne. Au XIIe siècle, elle est bâtie sur l'emplacement de l'église carolingienne du IXe siècle. Au XVIIe siècle, une nouvelle nef est édifiée et, après la dernière guerre mondiale, le village ayant été épargné, un porche est construit à la demande des habitants reconnaissants, pour installer sur son fronton, une statue en bois de la Vierge et l'Enfant. C'est au XVIe siècle qu'est construit le pavillon de la Belle Image, dépendance du domaine de Grosbois. Son nom vient d'une chapelle dédiée à la Vierge, bâtie devant l'entrée de la maison. De nombreuses légendes courent au sujet de cette maison : galant rendez-vous de chasse d'Henri IV pour accueillir ses conquêtes, étape pour Marie-Antoinette dans ses projets d'évasion….

ÉGLISE DE MAROLLES-EN-BRIE / PHOTO J.-P.J.

# La **boucle** de **la Belle Image**

**15**

**FACILE**

**3H • 10KM**

Découvrez des villages ayant conservé une certaine authenticité, le château de Gros-Bois, la forêt Notre-Dame et les rives du Réveillon.

**❶** Traverser l'avenue de Gros-Bois et la suivre à droite. Au n° 42, s'engager sur le sentier à gauche, continuer par la rue Antoine-Mottheau puis par le sentier. Couper l'avenue de la Belle-Image et prendre en face le chemin Vert. Il dessert le pavillon de la Belle Image. Croiser la rue des Orfèvres, emprunter la rue de Derrière-les-Clos et passer dans le centre commercial.

**❷** Suivre l'avenue des Bruyères à droite, puis le chemin à gauche. Avant le cimetière, prendre à droite l'allée qui traverse le parc urbain. Franchir la passerelle et continuer jusqu'à la forêt Notre-Dame. Après le portillon, emprunter à gauche l'allée Villemenon sur 10 m

**❸** Prendre à droite le chemin du Parc-aux-Bœufs sur 400 m, puis le chemin à droite.

**❹** Au croisement, continuer par le chemin en face. Prendre à droite le sentier de Monthéty, couper la route de Morbras, puis tourner à gauche. Suivre le chemin à droite, puis l'allée de Villemenon à gauche. Obliquer à droite dans la voie aux Vaches, traverser la D 3 et passer derrière le centre commercial. Emprunter en face la rue du Rocher sur 20 m, puis bifurquer à gauche dans la rue de la Cavette.

**❺** Continuer tout droit par l'avenue du Général-Leclerc qui dessert la ferme des Lyons *(colombier)*. Franchir le Réveillon, suivre à droite le chemin qui longe le ruisseau, franchir le pont et traverser le parking en obliquant à gauche. Passer sous l'immeuble et tourner à gauche dans la Grande rue qui mène sur la place du village. *À 10 m, par la rue de la Fontaine, à gauche au fond de l'impasse, lavoir. Il abrite, encastré dans le mur, une fontaine portant la date « 1772 », ainsi que les armoiries des seigneurs des Lyons.* Prendre la rue de l'Église à droite, la route de Marolles à droite et passer devant le château de Santeny.

**❻** S'engager à gauche sur le chemin des Vignes, franchir le ru et continuer par le sentier. Couper la rue Chasse-Lièvre et emprunter à gauche le chemin qui longe un mur. Prendre à droite la rue de la Fontaine-Froide jusqu'au square. *Église Saint-Julien-de-Brioude (chapiteaux romans dans le chœur, chevet roman), prieuré (XVIIIᵉ siècle) et parc, par la rue à droite, à 80 m.*

**❼** Partir à gauche en passant derrière le monument, puis descendre à droite le chemin de la Vieille-Rue-aux-Chevaux qui conduit aux prés du Réveillon. Tourner à droite, longer la rivière puis le golf.

**SITUATION**
Marolles-en-Brie, à 20 km au sud-est de Paris, par la N 19

**P** **PARKING**
golf

**B** **BALISAGE**
**1 à 3** > jaune
**3 à 4** > blanc-rouge
**4 à 5** > jaune-rouge
**5 à 1** > jaune

---

## À DÉCOUVRIR...

> **En chemin :**
• Marolles-en-Brie : pavillon de la Belle Image vue sur le parc et le château de Gros-Bois
• Santeny : fermes des Lyons, lavoir, église Saint-Germain-d'Auxerre
• Marolles-en-Brie : église Saint-Julien-de-Brioude et prieuré

> **Dans la région :**
• château de la Grange
• vallée de l'Yerres
• forêt de Sénart

VAL-DE-MARNE • **55**

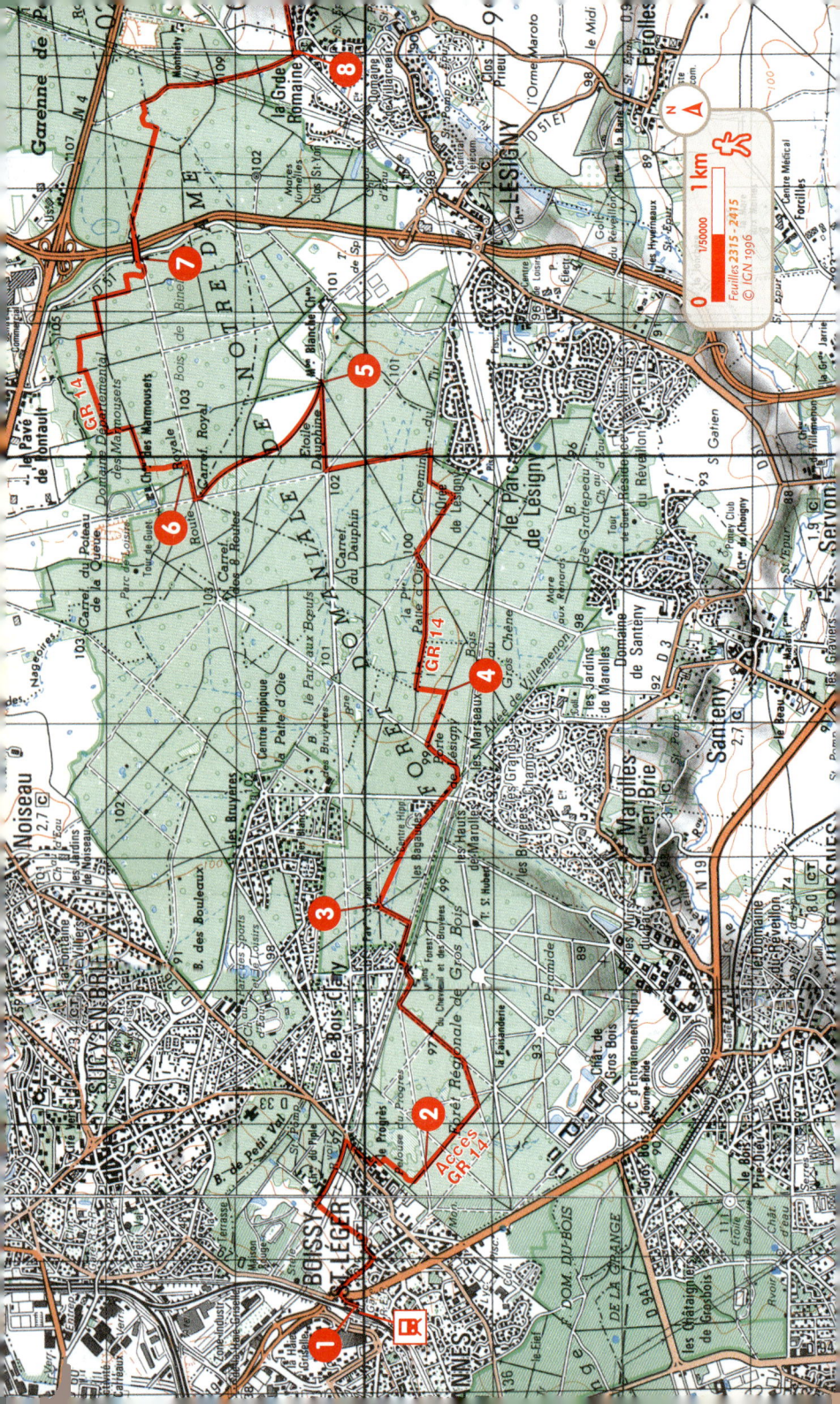

# Traversée de la **forêt Notre-Dame**

## PR® 16

### DIFFICILE

### 6H45 • 27KM

**Cet itinéraire en grande partie forestier, suit le sentier de Grande Randonnée n°14 reliant Paris aux Ardennes belges.**

**1** De la gare, partir à gauche, traverser la N 19, prendre la rue de Paris à droite, la rue de l'Église à gauche, la rue du Piple à gauche et l'allée de la Pompadour à droite. Au marché de Boissy, franchir le carrefour et emprunter à droite le chemin qui longe le parc de Grosbois. Pénétrer par une porte dans la clôture et s'engager sur le sentier à droite. Il serpente en sous-bois. Tourner à gauche pour atteindre l'allée Elisabeth.

**2** Continuer en face par l'allée du Clocher. Au bout, suivre à gauche l'allée des Bruyères, puis celle du Chevreuil. Emprunter à droite l'allée Elisabeth et sortir du parc. Tourner à droite et entrer dans la forêt Notre-Dame. Après le parking, prendre à gauche l'allée Royale jusqu'au carrefour du Pavillon-Saint-Jean.

**3** Emprunter à droite le chemin en sous-bois et gagner le centre hippique des Bagaudes. Traverser la route et suivre à gauche le chemin du Parc-aux-Bœufs. Après la mare, s'engager sur la sente à droite, arriver à une deuxième mare et à un carrefour.

**4** Se diriger à gauche sur 200 m, puis utiliser le chemin du Vieux-Pavé-de-Paris à droite. Obliquer à gauche pour atteindre le carrefour de la Petite-Patte-d'Oie. Prendre le chemin des Bœufs à droite, couper le chemin du Vieux-Pavé-de-Paris et continuer jusqu'au carrefour suivant. Emprunter le chemin à gauche, le chemin du Vieux-Pavé-de-Paris à droite, le chemin Noir à gauche et, à l'étoile Dauphine, le chemin du Vieux-Colombier à droite. Il mène au carrefour près du château de Maison-Blanche.

**5** Tourner à gauche et rejoindre le carrefour Royal. Prendre à droite la route Royale et passer le portail du château des Marmousets.

**6** Partir à gauche en sous-bois. Le GR® zigzague *(bien suivre le balisage)* puis finit par déboucher sur la route Royale. Tourner à gauche pour gagner le pavillon des Friches.

**7** Emprunter le passage supérieur qui enjambe l'A 104. Continuer par le chemin des Friches, puis tourner à droite. Le GR® zigzague *(bien suivre le balisage)* et sort de la forêt près de la résidence de la Grande-Romaine, à Lésigny.

**S SITUATION**
Boissy-Saint-Léger, à 20 km au sud-est de Paris par la N 19

**P PARKING**
gare de Boissy-Saint-Léger

**T TRANSPORTS**
Départ : gare de Boissy-Saint-Léger (RER A)
Arrivée : gare de Gretz-Armainvilliers (RER E)

**B BALISAGE**
blanc-rouge

**! DIFFICULTÉS !**
itinéraire linéaire (prévoir de récupérer son véhicule par les transports en commun)

## À DÉCOUVRIR...

**> En chemin :**
• Boissy-Saint-Léger : serre aux orchidées, église Saint-Léger forêt de Grosbois
• forêt Notre-Dame : château des Marmousets forêt d'Armainvilliers

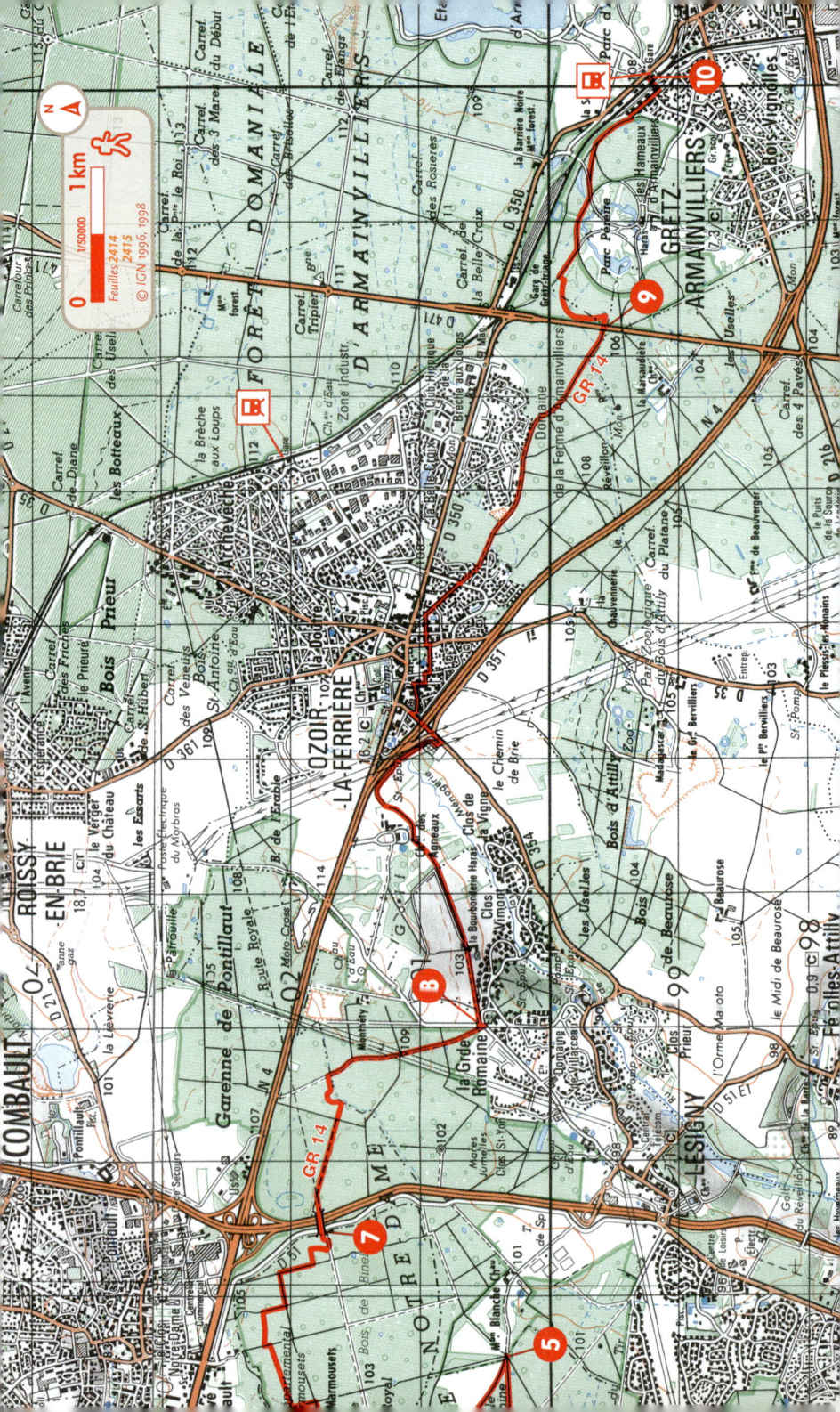

**8** Suivre la route en direction du haras de la Bourbonderie, puis longer le golf d'Ozoir. Rester sur le chemin en bordure de la N 4 et effectuer un crochet à droite pour franchir le pont qui enjambe la N 4 à l'entrée d'Ozoir-la-Ferrière. Partir à droite (est) pour traverser la ville *(bien suivre le balisage)* et, par un chemin en lisière puis en sous-bois, atteindre la D 471.

**9** Traverser la route *(prudence !)* et entrer dans la forêt d'Armainvilliers. S'engager à gauche sur le chemin d'abord parallèle à la D 471 puis qui s'incurve à droite. Prendre le chemin à droite, passer en bordure du parc Péreire, bifurquer deux fois à gauche puis, après l'étang, tourner à droite et continuer jusqu'à la gare de Gretz-Armainvilliers. **10**

---

ENVIRONNEMENT

## LE BOIS NOTRE-DAME

Appelée Forêt Notre-Dame depuis le Moyen Age parce qu'elle appartenait en grande partie à Notre-Dame de Paris, elle fait partie aujourd'hui de l'Arc boisé, vaste ensemble forestier qui comprend le bois de la Grange et la forêt de Grosbois. Le massif Notre-Dame recèle bien des richesses : écologique, naturelle et paysagère, ainsi qu'un patrimoine culturel. Ce massif est essentiellement composé de feuillus (chênes, bouleaux, châtaigniers) Les mares y présentent un intérêt écologique fort et, hors des sentiers, vous pourrez trouver bolets, cèpes et girolles. Au cœur de la forêt, le château des Marmousets, cerné de douves, a été construit au XVIIe siècle en s'inspirant de l'architecture antique grecque.

FORÊT NOTRE-DAME / PHOTO J. -P. J.

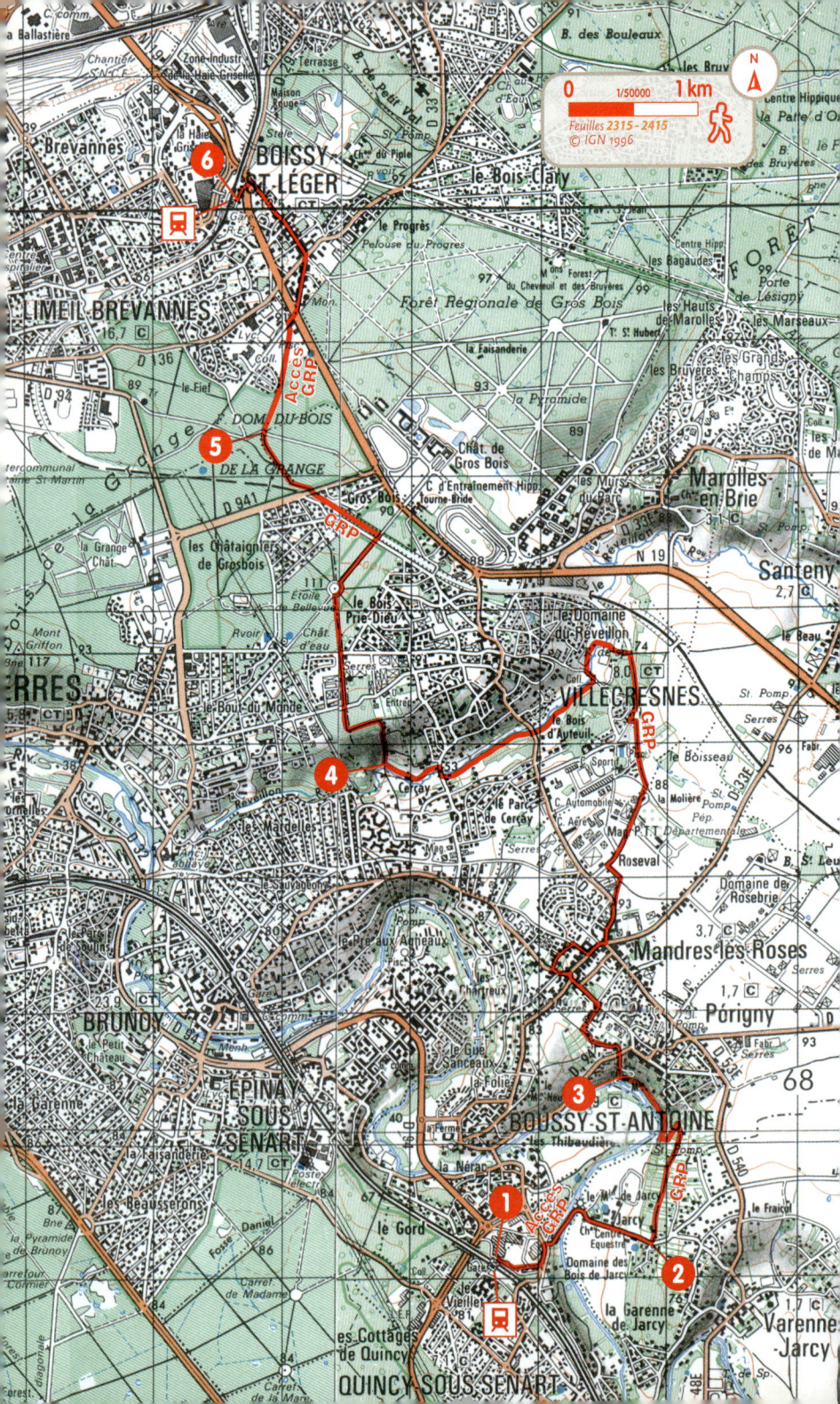

# De la vallée de l'Yerres à la forêt de la Grange

PR® 17

MOYEN

4 H • 16 KM

Des méandres de l'Yerres à la forêt de la Grange, en passant par la vallée du Réveillon

**1** De la gare de Boussy-Saint-Antoine (sortie côté centre commercial et hôpital), partir à droite, obliquer à gauche, puis suivre la D 330 à gauche. Prendre à droite la rue du Moulin-de-Jarcy, traverser l'Yerres et continuer par la rue Boieldieu.

**2** Emprunter à gauche la sente de la Côte-Jarcy. Descendre à gauche au bord de l'Yerres et le longer à droite jusqu'à l'extrémité de la rue de la Fontaine *(fondation Dubuffet à proximité)*.

**3** Monter vers Mandres-les-Roses. Passer devant l'église puis la ferme de Monsieur. Suivre la D 33 à gauche et, dans le virage, bifurquer à droite. Longer le cimetière à gauche. Au transformateur, tourner à droite, rester à droite, puis emprunter le chemin à gauche. Descendre à gauche en sous-bois, puis virer à gauche en bordure du Réveillon et traverser trois routes.

**4** À la passerelle des Canards, gravir la sente à droite. En haut, tourner à gauche, suivre le chemin à droite et gagner l'étoile de Bellevue. Descendre à droite vers le château de Grosbois, puis emprunter à gauche la Coulée Verte. Traverser la D 941, puis obliquer à droite sur le chemin qui pénètre en sous-bois.

**5** Continuer en face, couper la N 19 *(prudence !)*, poursuivre par le boulevard Révillon, puis prendre la rue de Paris à gauche. Traverser à nouveau la N 19 pour gagner la gare de Boissy-Saint-Léger. **6**

L'YERRES / PHOTO J. -P. J.

**S** SITUATION
Boussy-Saint-Antoine, à 25 km au sud-est de Paris par les N 6 et D 33

**P** PARKING
gare de Boussy-Saint-Antoine, au centre commercial, à côté de la gare

**T** TRANSPORTS
Départ : gare de Boussy-Saint-Antoine (RER D)
Arrivée : gare de Boissy-Saint-Léger (RER A)

**B** BALISAGE
jaune-rouge

**!** DIFFICULTÉS !
itinéraire linéaire (prévoir de récupérer son véhicule par les transports en commun)

À DÉCOUVRIR...

**>** **En chemin :**
• vallée de l'Yerres
Périgny : lavoir et fondation Dubuffet
• Mandres-les-Roses : ferme de Monsieur
• Villecresnes : église Notre-Dame, pigeonnier
• vallée du Réveillon
• château de Grosbois
• Boissy-Saint-Léger : serre aux orchidées, église Saint-Léger

# Découvrir,
# La Seine-Saint-Denis

De gauche à droite : BASILIQUE DE SAINT-DENIS / PHOTO J.-P.J. ; PARC DE LA COURNEUVE / PHOTO J.-P.J. ; LE MOULIN DE MONTFERMEIL / PHOTO M.-F. H.

Ce département fortement urbanisé a longtemps découragé les randonneurs. Une visite aux tombeaux des rois de France à la basilique, un petit crochet par le Carmel, et le tour était joué. Et pourtant !  Côté vert, le parc départemental de La Courneuve, créé dans les années soixante, couvre maintenant plus de quatre-cents hectares. Avec ses prairies fleuries, cascades et ruisseaux, ses aires de jeux, le parc est un espace de détente. Côté village, lorsque vous pénétrez dans Montfermeil, les belles villas, les ruelles arborées et le moulin dépaysent sur cette colline lumineuse. Côté forêt, la redoutable Bondy qui avait si mauvaise réputation au Moyen Âge, n'abrite plus que des chênes et des hêtres sur ses cent-cinquante hectares traversés par l'aqueduc souterrain de la Dhuys. Encore une belle balade à faire sur ces espaces de prairies à fauche… Et si vous avez une petite envie fluviale, faites une promenade en péniche depuis le port de la Villette. Le vélo se pratique à Bobigny et la marche à pied aux puces de Saint-Ouen et de Montreuil. Les chineurs-randonneurs – et ils existent – peuvent parfois cumuler jusqu'à sept heures de marche avec sacs chargés, en partant à l'aube…Côté urbain, le village de Montfermeil garde tout le charme de sa colline ensoleillée. Les rendez-vous de l'architecture se font à la ville-nouvelle de Bobigny ou au centre-ville de Saint-Denis. En quarante ans, le département de la Seine-Saint-Denis a décuplé ses espaces verts qui représentent maintenant 10 % de son territoire.

Ci-contre : MONTFERMEIL / PHOTO M. -F. H.

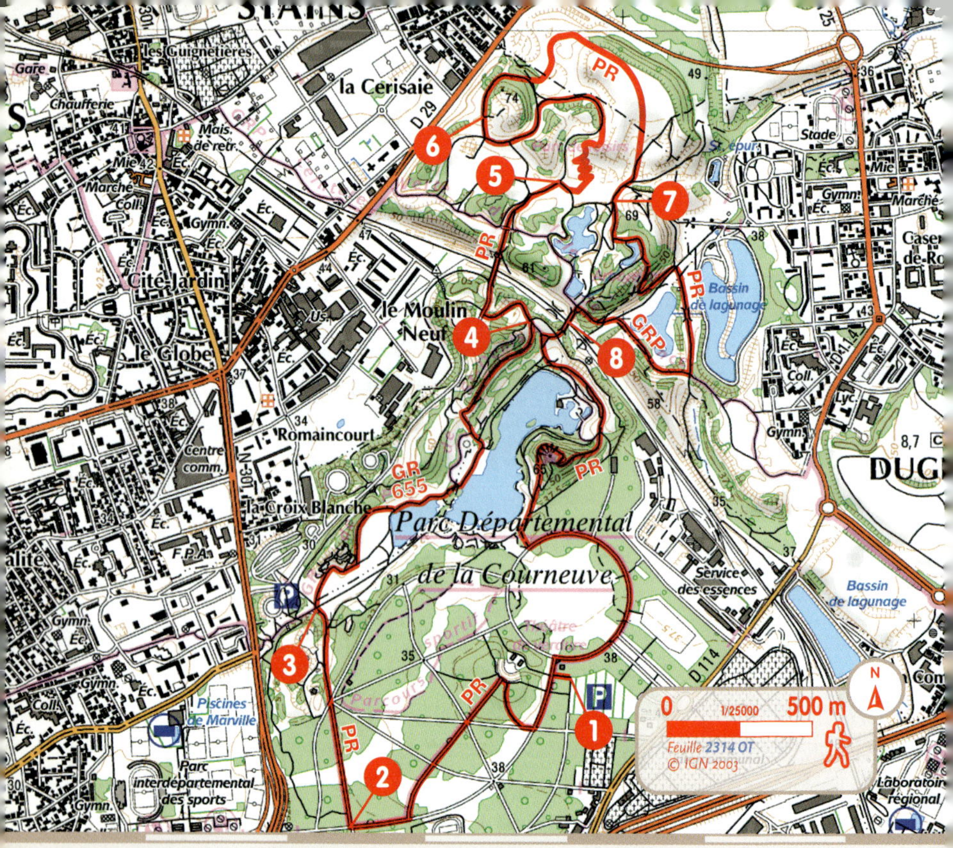

# LE PARC DÉPARTEMENTAL DE LA COURNEUVE

PARC DÉPARTEMENTAL DE LA COURNEUVE / PHOTO P.H.

Si La Courneuve est synonyme de banlieue très urbaine, les onze kilomètres bien verts des chemins qui font le tour de son parc donnent accès à un belvédère de 47 m de haut, des plans d'eau, un arboretum, une piste cyclable, un parcours sportif, des ruisseaux et des cascades. Tilleuls et sorbiers, hêtres, sureaux noirs et aulnes glutineux bordent les allées de ce parc, l'un des plus anciens de la banlieue parisienne. Le pin noir d'Autriche et le cyprès chauve se remarquent près du Grand Lac (Maison du Parc). L'étang des Brouillards est intéressant pour ses oiseaux migrateurs à observer en automne, cachés dans une flore aquatique où se distinguent les roseaux et les joncs. Lapins de garenne, hérissons et renards roux s'y côtoient avec prudence.

# Le **parc départemental** de **La Courneuve**

Le poumon vert de la Seine-Saint-Denis et aussi son point culminant... La surprise dans un secteur de la banlieue autrefois déshérité... Le contraste entre les deux parties du parc, l'une classique et l'autre plus naturelle.

DAHLIA CACTUS / DESSIN N.L.

**S SITUATION**
La Courneuve, 6 km au nord-est de Paris par N 2 et D 50

**P PARKING**
du Tapis Vert (sur la D 114 : entrée Tapis Vert).

**B BALISAGE**
**1 à 3** > jaune
**3 à 4** > blanc-rouge
**4 à 7** > jaune
**7 à 8** > jaune puis jaune-rouge
**8 à 1** > jaune

**❶** Quitter le parking, prendre la large allée sur la gauche, emprunter à droite, sur quelques mètres, l'allée du Géant et la première allée en arc à droite qui se dirige vers le Théâtre de Verdure. Suivre à gauche l'allée du Théâtre qui redescend vers l'allée Montjoie que l'on prend sur la droite (poney-club à gauche).

**❷** À l'entrée du poney-club, prendre à droite l'allée jusqu'au rond-point. Continuer tout droit jusqu'à l'allée Marville *(point infos)*.

**❸** Emprunter l'allée qui traverse la Roseraie puis longe et s'éloigne du lac jusqu'au *Caniparc*.

**❹** Prendre à gauche, longer le rucher, tourner à droite, franchir la ligne SNCF et se diriger vers la buvette des Cascades.

**❺** Se diriger vers le sommet des Cascades *(point de vue)*. Prendre à gauche, suivre les vallons des Sorbiers et des Junipérus, longer la Plaine de la Cerisaie.

**❻** Continuer, par la droite, vers le belvédère du Cèdre Penché. Prendre à gauche un chemin enherbé qui descend vers la mare aux Aulnes. La contourner et retrouver le chemin qui traverse la Grande Prairie *(point de vue)* et mène à proximité des Cascades.

**❼** Monter sur la gauche vers le lac Haricot. Descendre vers l'étang des Brouillards, le contourner par l'allée des Chapeaux-Chinois et des Brouillards. Monter jusqu'au pont Iris.

**❽** Traverser le pont Iris *(décoré de structures colorées évoquant une foule en marche)*. Prendre à gauche une allée qui mène au port. Monter vers le Belvédère *(culminant à 66 m, vue panoramique)*. Descendre jusqu'à la Maison du Parc. Traverser le jardin des Collections et suivre à gauche l'allée Circulaire jusqu'à la buvette du Tapis Vert et au parking.

**À DÉCOUVRIR...**

**> En chemin :**
• Les diverses curiosités du parc en particulier son belvédère
• centre d'information, jeux d'enfants, piste cyclable, parcours sportif

**> Dans la région :**
• Saint-Denis : la basilique-cathédrale ; l'ancien Carmel et son musée ; le parc de la Légion d'Honneur
• Le Bourget : l'église (souvenirs du siège de Paris 1870-1871) ; le musée de l'Air et de l'Espace
• Stains : la cité-jardin ; l'hôtel de ville (orangerie de l'ancien château)

# PATRIMOINE

## LE MOULIN DE MONTFERMEIL

**V**ictor Hugo est allé lui-même au siècle dernier à plusieurs reprises s'imprégner de l'ambiance de cette colline et du moulin de Monfermeil qui existe toujours. Ce site magique, chargé de romances et de souvenirs cinématographiques, vibre encore devant le moulin restauré où vivait la pauvre petite fille. L'histoire raconte comment Cosette y était maltraitée par la famille Thenardier inter-

LE MOULIN DE MONTFERMEIL /
PHOTO M.-F. H.

prétée par Charles Vanel et Marguerite Moréno. En contrebas de la colline, les sculptures de la fontaine Jean Valjean vous attendent au détour du chemin. Les hauteurs de Montfermeil restent une sorte de phare sur la forêt de Bondy et ses arbres remarquables. Les ailes du moulin tournent en plein vent et le grain est broyé à nouveau certains jours pour la plus grande joie des randonneurs.

# Sentier de Cosette

**La petite Cosette, tout le monde a pleuré sur ses misères. Mais a-t-on jamais connu la véritable histoire des Misérables à Montfermeil ? Un sentier littéraire et peu connu de la Seine-Saint-Denis**

**1** Du poste de garde, suivre vers l'ouest un sentier en forêt le long du parking jusqu'à l'aqueduc de la Dhuis.

**2** Suivre le GRP de la Ceinture Verte vers le sud-ouest, puis en forêt.

**3** Emprunter sur 100 m environ le GR® 14A. Rejoindre ensuite les lacs que l'on longe jusqu'au déversoir du canal.

**4** Prendre un sentier à gauche de la petite maison et traverser un petit parking ainsi que le boulevard Hardy.

**5** Entrer rapidement dans le bois des Ormes. Suivre le sentier pour arriver dans le chemin de la Petite-Montagne. Remonter à droite le Vieux Chemin de Coubron, la rue de Coubron. Passer devant l'hôtel de ville de Montfermeil. Traverser le carrefour et le parking des Marronniers. Emprunter la rue des Perriers, de la Halle, la place de l'Eglise et la rue Grange. Suivre la rue de l'Eglise et prendre à gauche juste avant le complexe sportif « Colette Besson ». Pénétrer dans l'arboretum. L*a fontaine Jean Valjean est sur une place à proximité.* S'engager dans le sentier de la Jarrie, remonter à gauche la rue du Général-Leclerc, suivre à droite la rue des Moulins. Peu après le moulin, s'engager au nord dans la rue Curie et la rue du Docteur-Laennec. Passer devant la fontaine Lassault.

**6** Suivre la rue du Docteur-Roux, la rue du Docteur-Calmette, traverser la rue de Coubron au niveau de l'avenue Herschell et prendre le chemin du Bois-Cochard.

**7** Descendre à droite par le Vieux Chemin de Coubron. Emprunter la rue Jean-Moulin sur quelques mètres. Pénétrer dans la forêt de Bondy par une allée au nord.

**8** Continuer en longeant la bordure de la forêt.

**9** Tourner à gauche en suivant le GR® 14A puis emprunter à droite l'allée de l'étoile des Six-Routes *(non balisée)* qui ramène au poste de garde.

## S SITUATION
Montfermeil, 15 km au nord-est de Paris par la N 403.

## P PARKING
au poste de garde sur la D 136 (point information)

## B BALISAGE
**1 à 2** > jaune
**2 à 4** > blanc-rouge
**4 à 5** > jaune
**5 à 6** > jaune-rouge
**6 à 7** > jaune
**7 à 8** > jaune et jaune-rouge
**8 à 9** > jaune
**9 à 1** > blanc-rouge et non balisé

## À DÉCOUVRIR...

> **En chemin :**
• Montfermeil : musée du Travail ; moulin à vent, fontaine Jean-Valjean

> **Dans la région :**
• Parc de Sevran

# Découvrir,
# Les Hauts-de-Seine

De gauche à droite : L'ÉTANG DE VILLE D'AVRAY, HARAS DE JARDY ET CHEVREUSE / PHOTOS J. -P. J ; RENARD / PHOTO F.C.

Les Hauts-de-Seine méritent leur nom. À l'ouest de Paris, le grand méandre de la Seine est environné de collines au centre du département ; elles s'abaissent vers le nord et le sud. Couronnés de villas résidentielles, creusés de villes-villages qui ont gardé leur identité autour de quelques vieux clochers d'église, saupoudrés de larges espaces verts, les Hauts-de-Seine proposent toute une variété étonnante d'itinéraires. Un complexe d'urbanisation a valu sans doute à ce département de privilégier au maximum la randonnée verte. Alors, allez vendanger par les hauteurs de Buzenval et de Suresnes, suivez les chemins de halage entre Issy-les-Moulineaux et Saint-Cloud, faites une récolte de mûres ou de châtaignes dans la forêt de Meudon pour vos provisions de l'hiver, découvrez les espaces jardinés « à la française » des parcs de Sceaux et de Saint-Cloud, traversez les sites urbanisés des cités-jardins à Suresnes et au Plessis-Robinson. Enfin, découvrez les arbres remarquables de Boulogne, marchez sur les pas des Impressionnistes vers l'île Saint-Denis ou de Châteaubriand à la Vallée-aux-Loups, n'oubliez pas les jardins citadins de Gennevilliers et de l'île Saint-Germain... Et prévoyez encore du temps pour suivre la fameuse Coulée Verte de Châtenay-Malabry. Cela ne vous empêchera pas de faire des photos de coucher de soleil inoubliable sur la Seine et ses péniches depuis les ponts, ou encore dans les reflets des tours géantes de la Défense.

Ci-contre : VUE DU PARC DE SAINT-CLOUD DANS LES HAUTS-DE-SEINE / PHOTO A.-M. M.

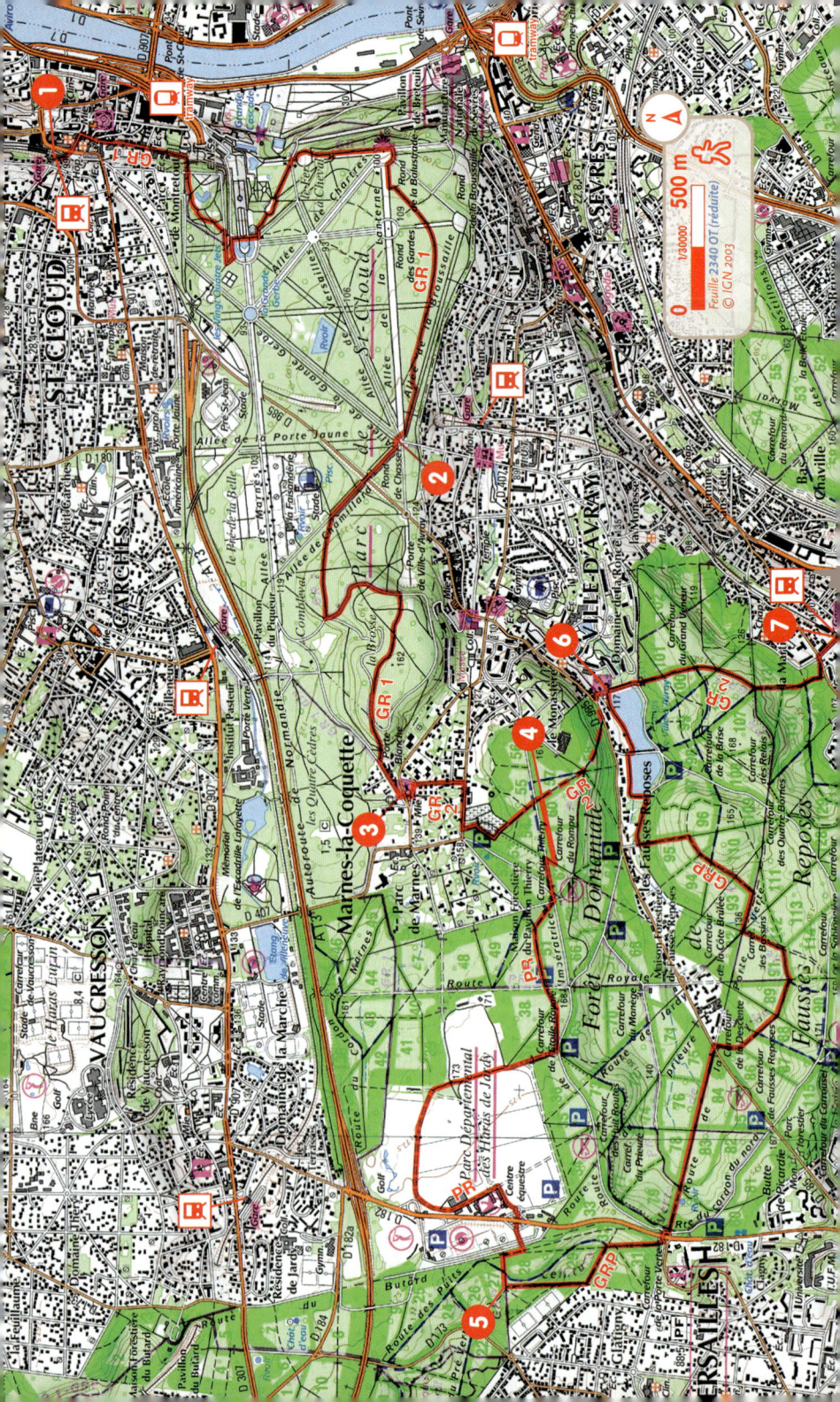

# De **Saint-Cloud** à **Chaville**

Une traversée de l'ouest parisien  riche en sites : le parc de Saint-Cloud, le haras de Jardy, la forêt de Fausses-Reposes et les étangs de Ville-d'Avray. .

**1** Sortir de la gare de Saint-Cloud, côté rue Dailly. Traverser et descendre la rue C. Lauer. Suivre à droite la rue des Ecoles et entrer dans le parc de Saint-Cloud par l'allée des Lilas. Gravir l'allée en oblique à droite. Passer le jardin du Trocadéro, le rond-point des Vingt-Quatre-Jets, obliquer à gauche et gagner le Fer-à-Cheval. Monter au rond de la Balustrade, prendre l'allée de la Lanterne sur 100  m, bifurquer à gauche dans l'allée, puis à droite. Emprunter l'allée de la Broussaille à droite et arriver au Rond de Chasse.

**2** Emprunter l'allée de Chamillard, franchir le pont et, au carrefour, monter par le deuxième chemin à gauche. Après la descente, tourner deux fois à gauche. Traverser l'allée de Monsieur et, avant le haut de la côte, gravir le sentier à droite. Il traverse la colline de la Brosse. Prendre le chemin goudronné à gauche et, avant le virage, dévaler tout droit le chemin. Franchir la Porte Blanche pour entrer dans Marnes-la-Coquette.

**3** Après l'église, prendre la rue Sommer à gauche, la rue Minaud à droite, l'allée de l'Alboni, la rue Neuve-Thierry et l'avenue Thierry à droite. Suivre à gauche l'allée du Cimetière, s'engager à droite sur le sentier qui longe le cimetière et tourner à gauche. Traverser la route Thierry.

**4** Tourner à droite, puis encore à droite et continuer à gauche par la route Thierry. Au carrefour Thierry, emprunter l'allée à droite puis l'allée à gauche. Couper la route Royale et déboucher sur une route. Entrer à droite dans le parc départemental du Haras-de-Jardy. Traverser tout droit le parc par le chemin aux Bœufs qui vire ensuite à gauche. Passer le haras et la cour des 49 *(toilettes)*. Au rond-point avant le poney-club, emprunter à droite le tunnel sous la D 182. Continuer tout droit au deuxième rond-point (direction Club-House) et sortir du parc de Jardy pour entrer dans la forêt de Fausses-Reposes. Longer à droite la route du Butard sur 100 m, puis se diriger à gauche en sous-bois sur 150 m.

**5** Descendre à gauche jusqu'en lisière, tourner à gauche, puis monter à droite. Au carrefour de la Porte-Verte, traverser la D 182 et descendre la route de la Porte-Verte. Croiser la D 985 et suivre à droite l'allée qui décrit un demi-cercle. Au carrefour des Bassins, prendre la route de la Porte-Verte à droite, puis monter à gauche. Redescendre à gauche jusqu'en lisière et emprunter à droite le chemin qui mène aux étangs de Ville-d'Avray. Virer à gauche pour longer le Vieil étang, puis l'étang Neuf.

**6** Emprunter la digue à droite, monter par l'allée en face et, au carrefour à cinq branches, descendre en face jusqu'à la lisière. Suivre la rue Carnot et gagner la gare de Chaville Rive Droite **7**.

**S** SITUATION
Saint-Cloud, à 5 km à l'ouest de Paris (accès par la porte de Saint-Cloud)

**P** PARKING
stationnement payant près de la gare

**T** TRANSPORTS
Départ : gare de Saint-Cloud (ligne Paris Saint-Lazare - Versailles ou Saint-Non-la-Bretèche)
Arrivée : gare de Chaville Rive Droite (ligne Paris Saint-Lazare - Versailles Rive Droite)

**B** BALISAGE
1 à 4 > blanc-rouge
4 à 5 > jaune (PR4)
5 à 6 > jaune-rouge (GRP Ceinture verte)
6 à 7 > blanc-rouge

**!** DIFFICULTÉS !
itinéraire linéaire (prévoir de récupérer son véhicule par les transports en commun)

## À DÉCOUVRIR...

> **En chemin :**
• parc de Saint-Cloud
• forêt de Fausses-Reposes
• haras de Jardy
• étangs de Ville-d'Avray

# L'étang de Saint-Cucufa

## PR® 21

**MOYEN**

**4H • 14,5KM**

Un étang portant le nom d'un martyr espagnol, une antique forêt gauloise morcelée lors des vicissitudes des deux Empires donnent deux-cent vingt hectares gérés par l'Office national des Forêts.

**1** Sortir de la gare de Rueil-Malmaison, traverser l'avenue de Colmar et prendre l'avenue de Seine qui longe les voies du RER.

**2** Longer à gauche la Seine sur 2 km. Prendre la rue des Closeaux à gauche, l'allée des Closeaux à gauche, l'allée de la Grenouillère à droite et la D 913 à gauche jusqu'à l'échangeur de l'A 86. Entrer dans le parc de l'A 86 puis en sortir à droite. Emprunter la rue du Commandant-Jacquot. Dans le virage, entrer à droite dans le parc des Gallicourts, gravir le coteau, couper la rue des Hauts-Bénard et sortir du parc. Croiser un chemin rural, entrer dans la forêt de la Malmaison, atteindre un parking et traverser l'avenue de Versailles.

**3** S'engager sur le sentier qui longe le ruisseau et mène à l'étang de Saint-Cucufa.

**4** Tourner à droite, traverser la route et prendre en face la route forestière de l'Étang. Au carrefour *(séparation avec le GR® 2)*, continuer sur 100 m, monter à gauche sur 150 m, puis descendre à gauche dans le vallon. Remonter par le sentier à droite à l'orée de la forêt, suivre à gauche l'allée en lisière et traverser la route forestière de Versailles.

**5** Dévaler le sentier à gauche et continuer par la route qui mène à l'étang de Saint-Cucufa. Longer sa rive ouest.

**4** Emprunter à droite la digue de l'étang et descendre par le chemin à gauche. Après la remontée, descendre par le sentier à gauche.

**3** Traverser la route et continuer par la rue de la Bergerie. Prendre le chemin du Ponceau à droite, le chemin du Paradis à gauche, puis gravir le sentier à droite. Emprunter l'avenue de Versailles à gauche, la rue des Chèvremonts à droite, la rue des Sorins à gauche, l'avenue de Versailles à droite.

**6** Obliquer à gauche rue Floquet et pénétrer dans le parc du Bois-Préau. Se diriger à gauche, prendre le chemin à gauche, traverser le parking puis la route et arriver au château de Malmaison. Continuer à droite par l'avenue du Château-de-la-Malmaison et emprunter à gauche l'avenue Napoléon-Bonaparte. Entrer à droite dans le parc Marcel-Pourtout et, par le boulevard M.-Pourtout à gauche, rejoindre l'entrée du parc de l'A 86.

**7** Traverser à droite les deux parcs, suivre l'avenue des Acacias à gauche, puis le quai de la Seine à droite.

**2** Par la rue de Seine à droite rejoindre la gare de Rueil **1**.

---

**S SITUATION**
Rueil-Malmaison, à 15 km à l'ouest de Paris par les N 13 et D 180

**P PARKING**
étang de Saint-Cucufa

**T TRANSPORTS**
gare de Rueil-Malmaison (RER A)

**B BALISAGE**
**1 à 2** > jaune (PR9)
**2 à 5** > jaune-rouge (GRP de la Ceinture Verte)
**5 à 4** > blanc-rouge (GR2)
**4 à 7** > jaune (PR3)
**7 à 1** > jaune (PR9)

**! DIFFICULTÉS !**
Le parc de Bois-Préau est fermé le mardi (emprunter alors l'avenue Tuck Stell jusqu'au château de Malmaison)

## À DÉCOUVRIR...

**> En chemin :**
• berges de la Seine
• parc de l'A 86
• parc des Gallicourts
• forêt de la Malmaison
• étang de Saint-Cucufa
• parc du Bois-Préau
• château de Malmaison

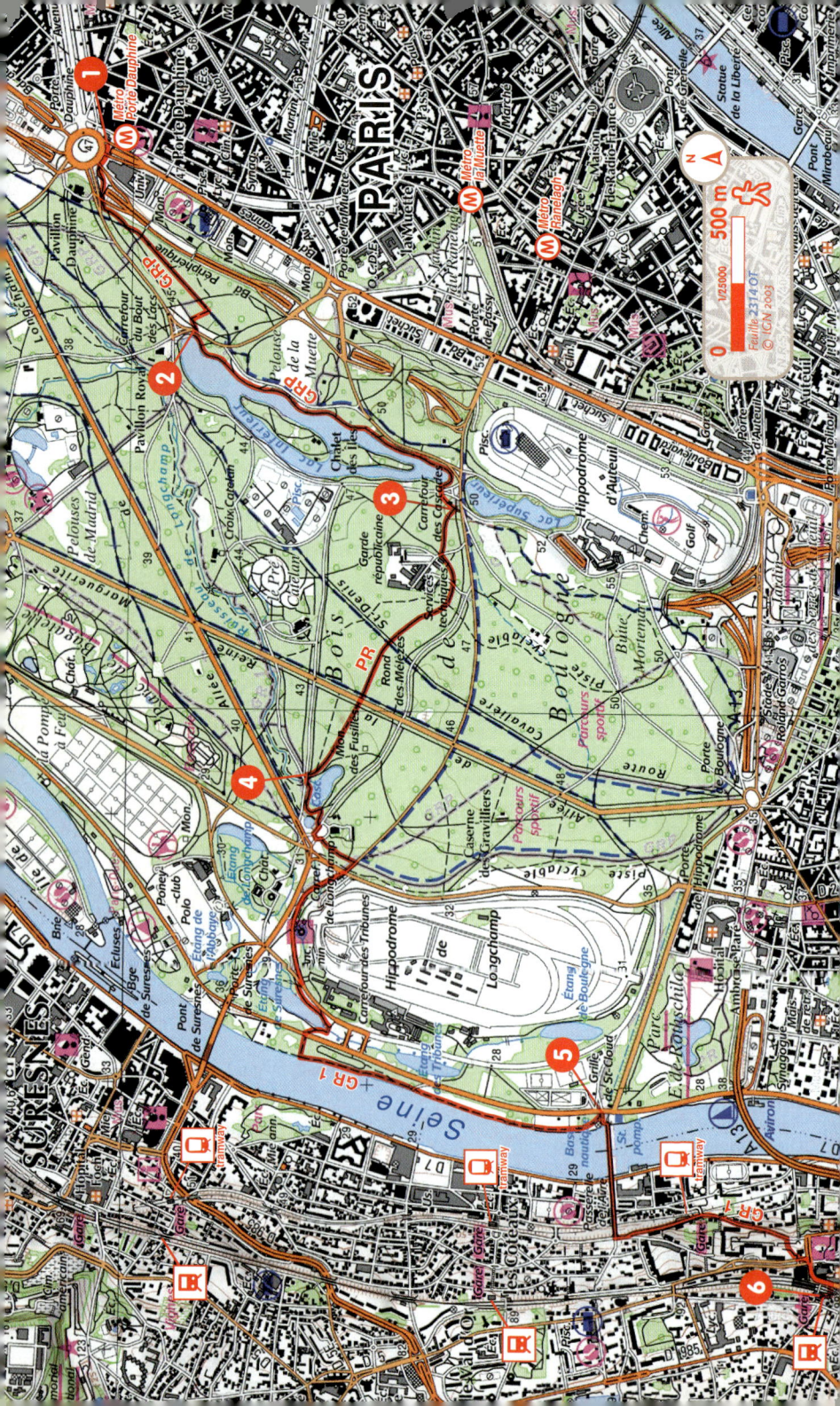

# De **Paris** à **Saint-Cloud**

**Découvrez le bois de Boulogne avant de gagner les berges de la Seine et de gravir les coteaux de Saint-Cloud.**

*Ce circuit peut être prolongé par l'itinéraire « De Saint-Cloud à Chaville » (Paris – Chaville : 24 km). Voir page 71.*

**1** En sortant de la gare du RER, place du Maréchal-de-Lattre-de-Tassigny, partir à gauche, traverser le boulevard Lannes et l'avenue du Maréchal-Fayolle. Monter à gauche dans le petit square au-dessus du périphérique, traverser l'accès au périphérique extérieur et suivre le sentier à gauche. Au croisement, obliquer à gauche puis, avant les parcelles closes, tourner à droite. Emprunter le chemin à gauche sur quelques mètres, partir à droite et traverser la route aux feux tricolores pour rejoindre le lac.

**2** Longer la berge est du lac Inférieur jusqu'à son extrémité sud. Passer au-dessus de la cascade, traverser le chemin de Ceinture-du-Lac-Inférieur, se diriger à gauche et gagner le carrefour des Cascades. Suivre l'allée à droite.

**3** Au croisement, obliquer à droite. Croiser deux routes, puis suivre le sentier à droite. Traverser la route, emprunter l'allée à droite et continuer dans la même direction jusqu'à l'étang des Réservoirs. Tourner à droite et déboucher dans une large allée.

**4** Prendre l'allée à gauche pour revenir vers l'étang. À son extrémité, monter à gauche, descendre l'escalier à gauche et, par un itinéraire tortueux, explorer les deux grottes artificielles de la Grande Cascade. Contourner la pelouse du chalet-restaurant de la Grande-Cascade et s'engager en sous-bois. Emprunter l'avenue de l'Hippodrome à droite, traverser la route de Sèvres à Neuilly et suivre le chemin qui se faufile entre l'hippodrome et la piste cyclable. Passer au pied du moulin, traverser la route et rejoindre le chemin qui longe l'étang de Suresnes. Au bout, tourner à gauche, traverser l'allée du Bord-de-l'Eau, le parking ombragé, puis parcourir à gauche les berges de la Seine sur 1,2 km.

**5** Emprunter la passerelle de l'Avre pour franchir la Seine. Suivre l'avenue de Lattre-de-Tassigny à gauche sur 100 m, puis continuer par le boulevard Jules-Peltier et l'avenue Chevrillon. Monter à droite dans le square de la Gâtine, gravir plusieurs volées de marches, puis traverser la rue du Calvaire. Prendre la rue Dailly à droite.

**6** Arriver à la gare de Saint-Cloud.

---

**S SITUATION**
bois de Boulogne, à l'ouest de Paris

**T TRANSPORTS**
Départ : Paris Porte Dauphine (M2), gare Avenue Foch (RER C)
Arrivée : gare de Saint-Cloud (ligne Versailles ou Saint-Nom-la-Bretèche - Paris Saint-Lazare)

**B BALISAGE**
1 à 3 > jaune-rouge
3 à 4 > jaune
4 à 6 > blanc-rouge

**! DIFFICULTÉS !**
itinéraire linéaire (prévoir de récupérer son véhicule par les transports en commun)

**À DÉCOUVRIR...**

**> En chemin :**
• bois de Boulogne
• berges de la Seine
• passerelle de l'Avre

# Découvrir,
# Le Val-d'Oise

De gauche à droite : LE VILLAGE DE PRESLES / PHOTO CG95/ C. DE C. ; CERGY-PONTOISE « L'AXE MAJEUR » / PHOTO P. D. ; ROYAUMONT / PHOTO J. -P. J. ; GARE DE BRÉANÇON / PHOTO J.F.

Issu de l'ancienne Seine-et-Oise en 1967, le Val-d'Oise a été doté d'armoiries précisant ses caractéristiques : le fond bleu, fleurdelisé, évoque l'Ile-de-France, domaine royal ; la diagonale ondée figure l'Oise, le petit aigle renvoie aux armoiries des Montmorency, la croix ancrée rappelle le Vexin de la famille Neuville de Villeroy. Ainsi sont matérialisées les quatre régions naturelles :

Le Parisis, très urbanisé, a conservé la butte de Cormeilles, avec le moulin et le musée Utrillo à Sannois. Le Pays de France est riche en circuits dans ses forêts : L'Isle-Adam, Montmorency et Carnelle ; à visiter : l'abbaye cistercienne de Royaumont et le château d'Ecouen, devenu, en 1977, musée de la Renaissance.

La Vallée de l'Oise égrène ses plans d'eau de Cergy-Neuville et Méry où se rassemblent des milliers de canards à quelques pas de la ville nouvelle...À découvrir : Auvers-sur-Oise, le château de Léry qui propose un « Voyage au temps des impressionnistes » ; L'Isle-Adam et les abbayes de Maubuisson et du Val.

Le Vexin français, parc naturel régional depuis 1995, offre des villages bien préservés et de nombreuses églises romanes et gothiques. Les buttes, les bois et les vallées du Sausseron, de la Viosne, de l'Aubette et de l'Epte procurent du dépaysement. N'oubliez pas de visiter Villarceaux, le château de La Roche-Guyon ou encore, à Guiry-en-Vexin, le musée archéologique départemental.

Le Val-d'Oise et la randonnée, c'est trente ans d'une passion commune entre associations, collectivités et Conseil général. Dès 1978, a été réalisé un partenariat entre ces organismes et la préfecture pour réaliser le Plan départemental de la randonnée : 934 km de sentiers protégés. En 1996, le Conseil général a voté le Plan départemental d'itinéraires de promenade et de randonnée (1 600 km), après consultation des communes sous l'impulsion du CODERANDO 95.

Ci-contre : LA ROCHE-GUYON / PHOTO CH. M.

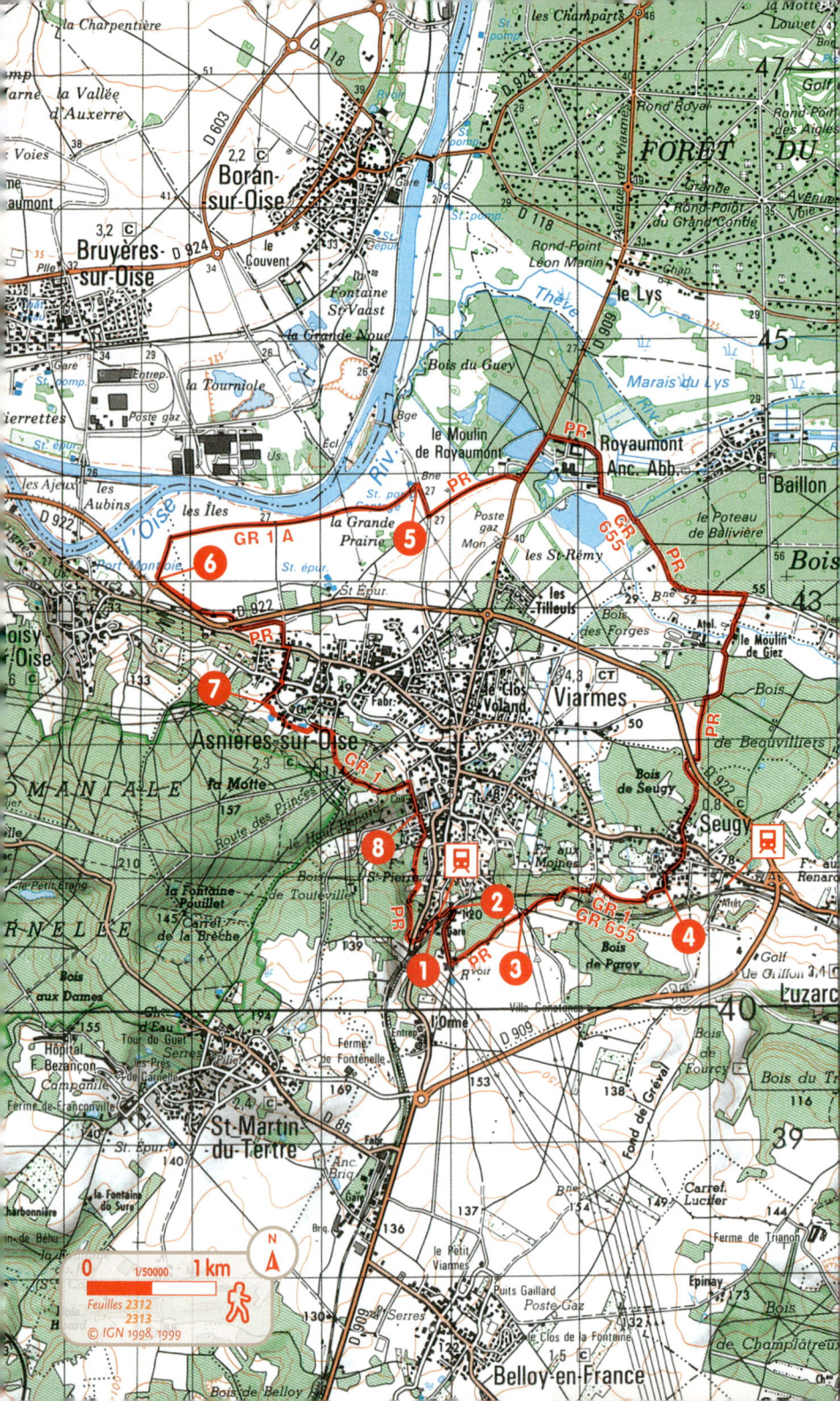

# Royaumont

Un circuit des plus intéressants par la diversité des sites, la richesse de la flore et de la faune, et la découverte de l'abbaye cistercienne de Saint Louis.

PIGEON RAMIER / DESSIN P.R.

**1** Emprunter à droite la rue de la Justice.

**2** Franchir le passage à niveau et tourner à droite par la rue des Réservoirs. Se diriger à gauche, suivre la lisière d'un bois.

**3** Traverser une route. Passer un pont sur la voie ferrée. Descendre dans un bois. À sa sortie, tourner à droite pour atteindre Seugy.

**4** S'engager dans la rue de la Fontaine, passer devant l'église. Suivre la rue de Giez devenant chemin, à travers le bois de Seugy. Tourner à gauche puis à droite, passer sous la déviation de la D 922. Longer le bois de Beauvilliers. Tourner à droite sur la route. Prendre à droite le chemin, passer devant le centre équestre du Moulin de Giez. Franchir l'Ysieux. Tourner à gauche et longer le bois de Bonnet. Atteindre, à gauche, l'étang du Grand-Vivier *(réserve ornithologique privée)* et suivre une route sur 300 m. Tourner à droite pour passer devant l'abbaye de Royaumont. Suivre à gauche la D 909 ; 400 m plus loin, tourner à droite pour passer devant le moulin de Royaumont. Se diriger à droite.

**5** Près d'une station de pompage, tourner à gauche.

**6** Tourner encore à gauche et, plus loin, à droite pour passer sous la D 922, puis se diriger à gauche sur 500 m. Tourner à droite et franchir une route. Dans Asnières-sur-Oise, emprunter la rue de Gouvieux et la rue de l'Orme.

**7** Au carrefour de la Seigneurie, s'engager à droite en montant. Traverser une route en laissant sur la droite le Rond de Chantilly. Descendre, tourner à droite sur le chemin de la Fontaine-d'Amour dans Viarmes. Effectuer un virage à gauche.

**8** Tourner à droite dans la ruelle de l'Auge. Obliquer à gauche sur une sente qui longe un ruisseau. Tourner à gauche pour longer la D 909 à droite sur 30 m, puis à droite pour prendre la rue de Verdun. Franchir la D 909 pour regagner la gare.

---

**PR** agréé® **23**

**DIFFICILE**

**4H30 • 16,5KM**

**S SITUATION**
Viarmes, à 30 km au nord de Paris par N 1, D 909

**P PARKING**
à la gare de Viarmes

**T TRANSPORTS**
Transports : gare de Viarmes (ligne Paris-Nord – Luzarches)

**B BALISAGE**
1 à 2 > blanc-rouge
2 à 3 > jaune
3 à 4 > blanc-rouge
4 à 5 > jaune
5 à 6 > blanc-rouge
6 à 7 > jaune
7 à 8 > blanc-rouge
8 à 1 > jaune

## À DÉCOUVRIR...

**> En chemin :**
• Viarmes : église XIIe-XVe siècle, le maître-autel provient de l'abbaye de Royaumont ; château XVIIIe siècle (mairie)
• Asnières-sur-Oise : église XIIe-XVe siècle (clocher), stalles XVe siècle; château de Baillon XVIIe siècle et XVIIIe siècle ; réserve ornithologique
• Royaumont : abbaye, concerts ouverts au public

**> Dans la région :**
• Chantilly : château
• Coye-la-Forêt : étangs de Commelle, château de la Reine-Blanche (XIXe siècle)

## PATRIMOINE
# L'ABBAYE DE ROYAUMONT

C'est le roi Louis IX, futur Saint Louis, qui, en 1228, fit ériger cette abbaye au lieudit Cuimont. Le site était propice à la fondation d'une abbaye cistercienne. Loin des habitations, l'eau y coulait en abondance : marais et Thève. Dès 1229, vingt moines y séjournaient et Saint Louis demanda à Vincent de Beauvais une sorte de première encyclopédie : *Speculum majus*. Royaumont connut quelques vicissitudes pendant la guerre de Cent Ans et, en 1549, l'abbaye passa sous contrôle d'un abbé commandataire. Mazarin fut abbé de Royaumont. Henri de Lorraine la conserva pendant soixante-dix ans. Henri Cornut de Ballivière fit construire le palais abbatial peu avant la Révolution. En 1791, Royaumont, devenu « bien national », fut vendue aux enchères. Le ci-devant marquis de Travanet s'en rendit acquéreur et fit détruire l'église, chef d'œuvre de Pierre de Montreuil. Trois cents bœufs furent nécessaires ! La voûte gothique de 105 m de long et 28 m de haut disparut à jamais. Seuls subsistent une flèche et un pan de mur. Le marquis installa une filature de coton et vendit l'abbaye en 1815 à un industriel belge. Elle appartint successivement aux pères Oblats, aux religieuses de la Sainte-Famille et, enfin, à la famille Gouin en 1905 qui sauvèrent définitivement l'abbaye, créant d'abord un foyer en 1937, puis un centre culturel pour aboutir à la Fondation Royaumont. Elle a pour but « d'encourager toutes les formes d'échanges culturels (...) de favoriser les travaux de recherches (...) dans le domaine des sciences de l'homme, de contribuer à l'animation culturelle du Val-d'Oise ».

# TOURISME EN VAL-D'OISE

Créé en 1983, le Comité départemental des Loisirs et du tourisme (CDTL) occupe depuis 1995 le château de la Motte à Luzarches, qui a été édifié entre 1824 et 1882. Des vestiges du château historique sont intégrés dans un magnifique parc à l'anglaise ouvert à la visite. La Maison du tourisme regroupe le CDTL naturellement, mais aussi le Relais départemental des gîtes ; le Tourisme d'accueil en Val-d'Oise (TAVO) ; les produits du terroir du Val-d'Oise d'Ile-de-France ; les Logis de France, et la Route historique des peintres et de l'impressionnisme en Val-d'Oise. Elle est également le siège de l'Union départementale des Offices de tourisme et Syndicats d'initiative ainsi que du Comité départemental de tourisme équestre.

INAUGURATION DE LA MAISON DU VAL-D'OISE / PHOTO CG95/ C. DE C.

## De nombreuses publications

De ce fait, la Maison du tourisme offre à ses visiteurs une très riche documentation. Citons parmi les publications : Abbayes, châteaux, musées, lieux de mémoire en Val-d'Oise ; la carte touristique ; le topo-guide de randonnée pédestre en Val-d'Oise ; le Petit Futé 95 ; Forêts du Val-d'Oise (12 itinéraires de randonnée) ; les itinéraires cyclotouristiques ; Corascope, etc., certains en partenariat avec l'ONF, la Fédération française de la randonnée pédestre, les éditions de Valhermeil, les éditions de l'Université. Depuis peu s'y ajoute une lettre d'information Touriscope 95, avec le mot du président.

## Un musée prestigieux

De plus, le château de la Motte abrite un musée qui rassemble l'une des plus belles collections consacrées à l'époque impressionniste et post-impressionniste ; en tout une quarantaine de toiles et de dessins appartenant au Conseil général. Certains de ces chefs-d'œuvre sont signés Claude Monet, Gustave Caillebotte et représentent des sites du département. La collection comporte également des œuvres de Ludovic Piette, Louis Hayet, Norbert Goeneutte et du caricaturiste Honoré Daumier. Une série de gravures anciennes très intéressante illustre les principaux sites et monuments Val d'Oisiens. Cette collection est présentée toute l'année, du mercredi au dimanche et tous les jours fériés de 14 h à 18 h.

*Pour tout renseignement :*
Maison du tourisme, château de la Motte, rue François-de-Ganay, 95270 Luzarches. Tél. 01 30 29 51 00 - www.valdoise-tourisme.fr

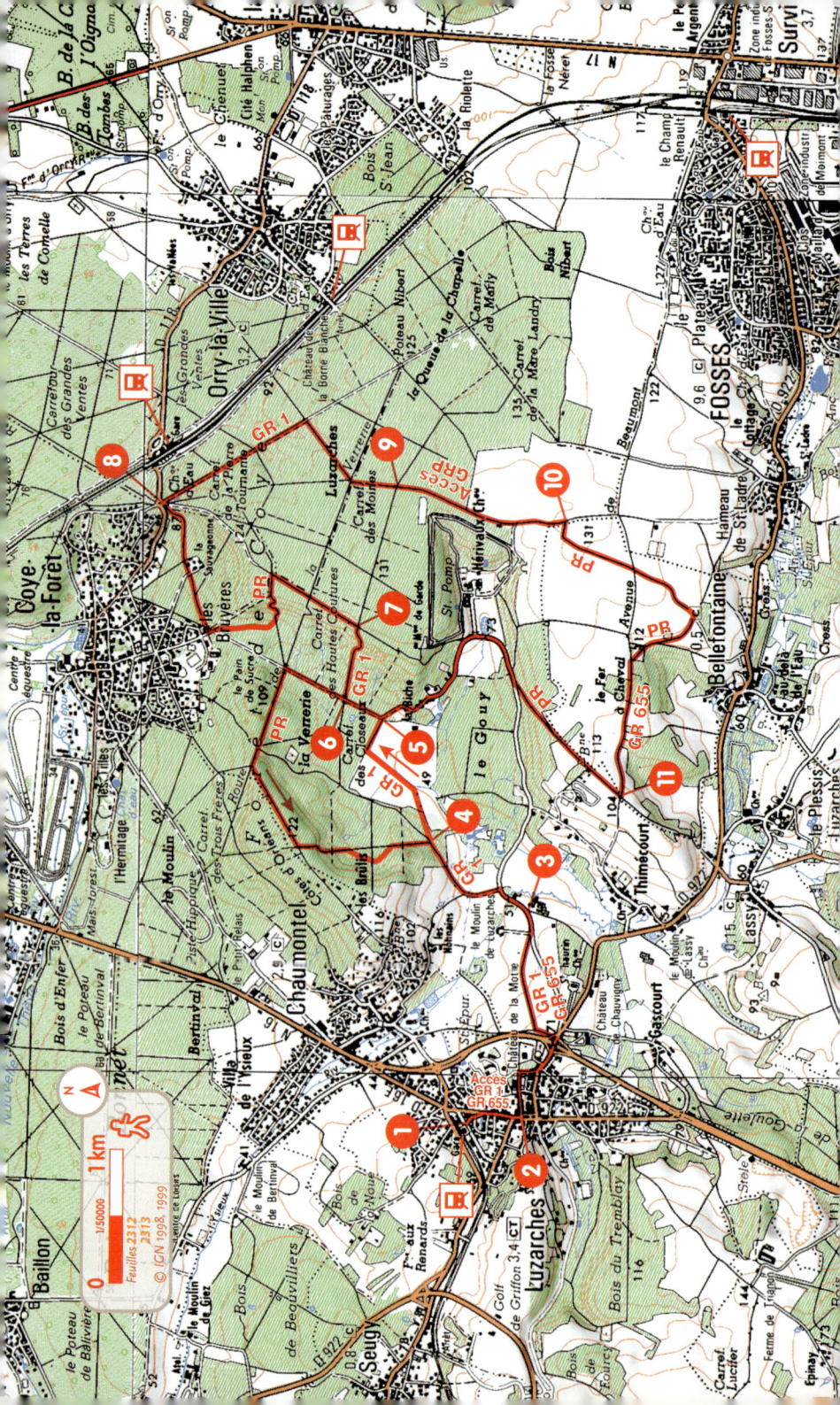

# Aux **marches** de **Luzarches**

**En limite du pays de France, à l'orée des forêts picardes, avec, au détour du chemin : Hérivaux et les vestiges d'une abbaye.**

**1** De la gare, se diriger vers le centre-ville, puis suivre la D 16E à droite.

**2** À la halle, Emprunter le mail à gauche. Il vire à droite. Prendre la D 922E à gauche et franchir le pont sur la N 16. S'engager sur le chemin à gauche, tourner à droite, puis longer les prés.

**3** Prendre la route à gauche, franchir l'Ysieux, puis s'engager sur le chemin à gauche. Gravir le chemin à droite et entrer dans la forêt.

**4** Suivre le chemin le plus à droite, sortir de la forêt, puis tourner droite.

**5** Prendre à gauche le chemin Pavé-de-la-Ménagerie jusqu'au carrefour de la Ménagerie.

**6** Gravir à droite la sente, pavée au début, jusqu'au carrefour des Hautes-Coutumes.

**7** Emprunter l'allée à gauche, passer le carrefour du Poteau-d'Hérivaux et continuer tout droit jusqu'au carrefour de la Charmée. Utiliser la sente à gauche sur 200 m, obliquer à droite et, après un crochet gauche-droite, dévaler la ravine. Poursuivre à droite. Au carrefour du Poteau-des-Ecouteurs, prendre le chemin à droite sur 600 m, puis monter vers la gauche et atteindre le crochet de Coye *(gare d'Orry-la-Ville à 300 m)*.

**8** Emprunter à droite la route forestière Nibert jusqu'au carrefour du Chêne-Sec. Tourner à droite. Au carrefour des Moines, prendre le deuxième chemin à gauche (sud).

**9** Passer le carrefour de Luzarches. Continuer jusqu'à l'orée de la forêt puis en lisière, monter tout droit sur le plateau et dépasser la croix.

**10** Prendre le chemin à droite. Il vire à gauche et descend. À la corne du bois, tourner à droite. Poursuivre entre bosquets et champs vers l'ouest.

**11** Emprunter le chemin à droite, puis la route à droite. Laisser à droite le château d'Hérivaux. Après La Biche, poursuivre par le chemin et arriver à la lisière de la forêt.

**5** Suivre à droite le Pavé de la Ménagerie.

**6** Au carrefour de la Ménagerie, continuer tout droit. Au carrefour de la Verrerie, tourner à gauche et, au carrefour de Chaumontel, encore à gauche. Au poteau des Brûlis, obliquer à gauche, puis dévaler la pente.

**4** Par l'itinéraire de l'aller, rejoindre la gare **1**.

**S** **SITUATION**
Luzarches, à 25 km au nord de Paris par la N 16

**P** **PARKING**
gare

**T** **TRANSPORTS**
gare de Luzarches (ligne Paris-Nord - Luzarches) gare d'Orry-la-Ville (RER D et TER)

**B** **BALISAGE**
**1 à 7** > blanc-rouge
**7 à 8** > jaune (L4)
**8 à 9** > blanc-rouge
**9 à 10** > jaune-rouge
**10 à 5** > jaune (L4) et blanc-rouge
**6 à 4** > jaune (L4)

**À DÉCOUVRIR...**

> **En chemin :**
• Luzarches : remparts, porte Saint-Côme, halle en bois, église Saint-Côme-Saint-Damien
• forêt de Coye
• abbaye d'Hérivaux

# L'ABBAYE D'HÉRIVAUX

« À quelque trois kilomètres de Luzarches dans les bois de Gouy, à l'extrémité d'une adorable petite route sinueuse qui serpente dans une vallée verdoyante arrosée par l'Ysieux : un paysage presque normand se mire dans un étang et l'on découvre l'ancienne abbaye d'Hérivaux. Autant dire presque rien...» Elle fut fondée en 1130 par Asselin, l'un des seigneurs de Marly-la-Ville, qui s'y retira dans « une vaste solitude et un désert affreux ». En 1160, Asselin y introduisit la règle des chanoines de saint Victor. De l'abbaye dépendaient quatre cures : Fosse, Marly-la-Ville, Bellefontaine et Montmélian. Elle avait « moyenne et basse justice dans son enclos ». Plus tard, en 1639, la réforme des chanoines de France dite de sainte Geneviève fut introduite dans l'abbaye. À la Révolution, cette abbaye était encore intacte lorsqu'elle fut déclarée bien national et adjugée à Jean-Claude Gressier pour 220 000 livres. Il ne put payer, et l'abbaye connut plusieurs propriétaires. Finalement, le 1er Novembre 1796, elle était achetée par Benjamin Constant de Rebecque venu de Suisse à Paris avec Madame de Staël, la fille du ministre Necker. Revendiquant sa qualité de Français, il devint président du canton le 14 novembre 1797. Avec l'arrivée de Benjamin Constant, c'en fut fait d'Hérivaux. La mode était alors aux ruines romantiques. Bâtiments conventuels et église abbatiale du XIIe siècle furent détruits. Il conserva le porche et le pavillon de l'aile droite comme habitation. En 1802, il revendit Hérivaux mais ne s'éloigna guère, puisqu'il acheta les « Herbages » à Maffliers en 1803. Aujourd'hui Hérivaux est propriété privée.

LES ABORDS DE L'ABBAYE D'HÉRIVAUX / PHOTO D.V.

## ENVIRONNEMENT
# LE PARC NATUREL RÉGIONAL OISE-PAYS DE FRANCE

L'île-de-France est riche de quatre Parcs naturels régionaux : de la Haute Vallée de Chevreuse, du Vexin Français, du Gâtinais Français et de l'Oise-Pays de France. Ce dernier, créé en 2004, s'étend sur 60 000 hectares et couvre le sud du département de l'Oise et le nord-est du Val-d'Oise. Il constitue un véritable « poumon vert » pour le nord de la région parisienne et conserve un caractère essentiellement rural, à dominante forestière (forêts d'Halatte, de Chantilly et d'Ermenonville) et agricole. Il accueille quelques-uns des joyaux du patrimoine français, en particulier, le château de Chantilly et la cité médiévale de Senlis. La partie francilienne, bien que moins étendue que la partie picarde, ne manque pas d'intérêt. La forêt de Coye vallonnée et variée est parcourue par un réseau dense de sentiers balisés, dont les GR®1 et GR®655 (itinéraire venant de Belgique et se dirigeant vers Paris et Saint-Jacques-de-Compostelle). Deux petites rivières, la Thève et l'Ysieux, qui se rejoignent à Royaumont, irriguent de jolies vallées, aux paysages agricoles et naturels et au patrimoine bâti bien préservés. Luzarches a conservé de nombreux témoignages du passé : l'église Saint-Côme-Saint-Damien (abside du XIIe et façade Renaissance), la porte fortifiée Saint-Côme (XIIIe siècle), ancienne entrée du château et la halle du XVe siècle. Et enfin, l'abbaye de Royaumont, édifiée au XIIIe siècle par Saint Louis, est une des abbayes royales les mieux conservées et constitue une œuvre remarquable tant par son cloître et son réfectoire que par les vestiges de l'église abbatiale.

ÉGLISE SAINT-CÔME ET SAINT-DAMIEN LUZARCHES / PHOTO J. -P. J.

VALLÉE DE L'YSIEUX / PHOTO J. -P. J.

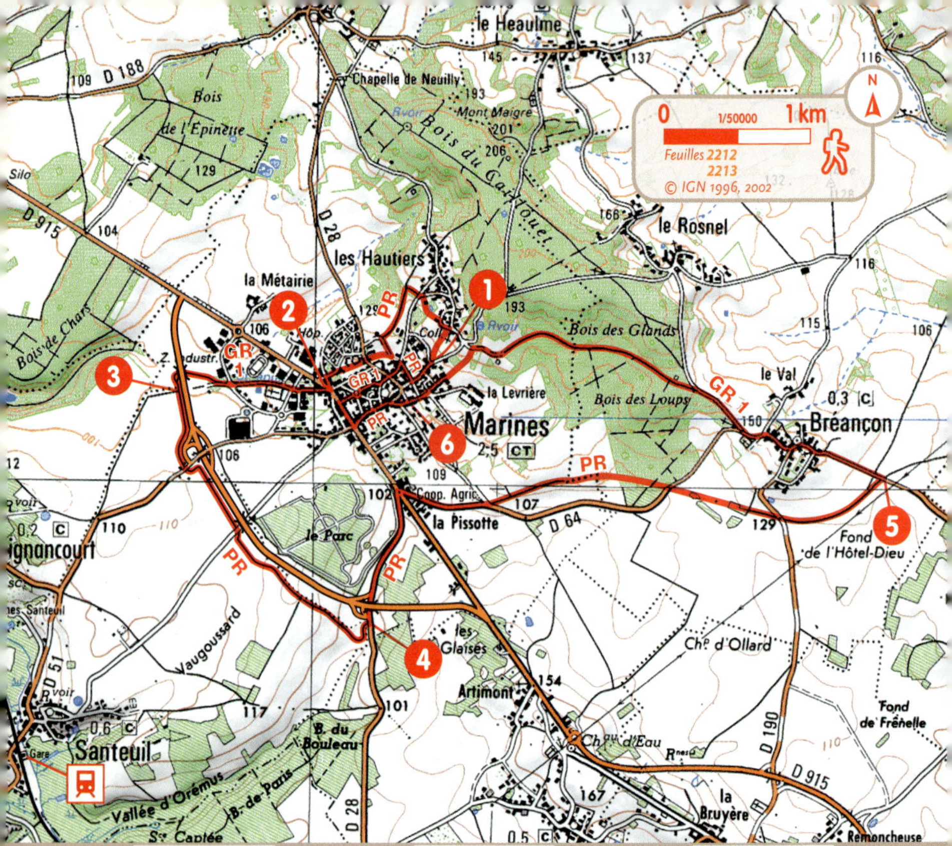

## HISTOIRE

# LE TORTILLARD

Pendant une soixantaine d'années, un chemin de fer à voie métrique, joue un rôle important dans la vie de Marines et de ses habitants en assurant chaque jour le transport des travailleurs et des marchandises. En 1891, Marines est reliée à Valmondois, par une ligne de 22 km de la Société Générale des chemins de fer économiques. Mais, à partir des années trente, la concurrence automobile s'intensifie et certaines circulations sont transférées sur route. Enfin, l'augmentation constante du déficit amène le Conseil général de Seine-et-Oise à voter, en 1948, l'arrêt du trafic. Depuis les années soixante-dix, une association a été créée, le Musée des

GARE DE MARINES / PHOTO J.F.

Transports de la Vallée du Sausseron, à Valmondois, pour faire revivre la ligne oubliée et préserver les véhicules des anciens chemins de fer départementaux.

# Sur les traces du Tortillard

PR agréé 25

MOYEN

3H45 • 15KM

Cet itinéraire part sur les traces du petit tortillard qui au début du XXe siècle desservait le Vexin.

**1** Monter au milieu de la prairie jusqu'à la statue de la Vierge des Hautiers. Prendre le chemin à gauche, la rue Radegonde sur 10 m *(lavoir des Hautiers à 30 m, à droite)*, puis le chemin herbeux à gauche. Traverser la rue des Hautiers, continuer par le chemin en face sur 100 m, puis descendre par le chemin à gauche sur 400 m. Se diriger à gauche sur 150 m, puis emprunter l'ancienne voie ferrée à droite sur 400 m jusqu'à l'office de tourisme.

**2** Traverser l'ancienne D 915 bordée de platanes, longer l'ancienne halte du train et le terrain de jeux, puis continuer à droite par la rue du Goulet. Passer le cimetière *(abri randonneurs et point d'eau)* puis en bordure de la station d'épuration écologique.

**3** Prendre à gauche le chemin parallèle à la nouvelle D 915. Traverser la D 159 puis le CV1, descendre *(à gauche, parc classé du château)* et déboucher sur la D 28.

**4** Longer la D 28 à gauche vers Marines par la piste cyclable *(prudence !)*. Traverser le boulevard de la République, continuer en face par la rue de Bréançon puis la D 64 sur 200 m. À la croix, monter par le chemin à gauche (est) sur 150 m, puis suivre à droite l'emprise de l'ancienne voie ferrée de Marines à Valmondois *(appelée « le Tortillard »)* dans le bois des Loups. Couper la D 64 puis la D 190 et gagner l'ancienne gare de Bréançon.

**5** Suivre la D 64 à gauche. Elle traverse Bréançon en tournant à droite. Au calvaire, bifurquer sur la petite route à droite en direction du Rosnel, puis s'engager sur le chemin à gauche. Il passe dans le bois des Glands. Descendre vers le bourg par la rue du Bœuf *(ancienne gare de Marines occupée aujourd'hui par le service territorial des routes)*.

**6** Continuer par la rue Baleydier puis la rue Jean-Jaurès jusqu'à la place Peyron. Prendre à droite la rue du Général-De-Gaulle sur 150 m, la rue de Gouy à droite et traverser la place de Verdun. Emprunter la rue Malebranche *(philosophe ayant séjourné à Marines)* et, à l'oratoire, la rue Jean-Jaurès puis la rue du Heaulme pour rejoindre le point de départ **1**.

**S** SITUATION
Marines, à 15 km au nord-ouest de Cergy-Pontoise par la D 915

**P** PARKING
collège des Hautiers

**T** TRANSPORTS
ligne routière n° 9508 Cergy – Chars (sauf dimanches et fêtes)

**B** BALISAGE
**1** à **2** > jaune (R6)
**2** à **3** > blanc-rouge
**3** à **5** > jaune (R6)
**5** à **6** > blanc-rouge
**6** à **1** > jaune (R6)

## À DÉCOUVRIR...

> **En chemin :**

• Marines : Vierge des Hautiers, lavoir des Hautiers, château XVIe (peint par Paul Cézanne), office de tourisme du Val de Viosne situé dans l'ancienne forge Thomas (atelier traditionnel préservé, exposition de faïences Fontinelle), église Saint-Rémi (porche XVIe, chapelle Saint-Roch XVIIe et cloche XIIe ou XIIIe, une des plus vieilles de France), mairie (abrite une Marianne en plâtre portant la date de 1792, an I de la République).
• Bréançon : ancienne gare, église Saint-Crépin – Saint-Crépinien XIIe
• Marines : oratoire (premier établissement des Oratoriens fondé en 1618)

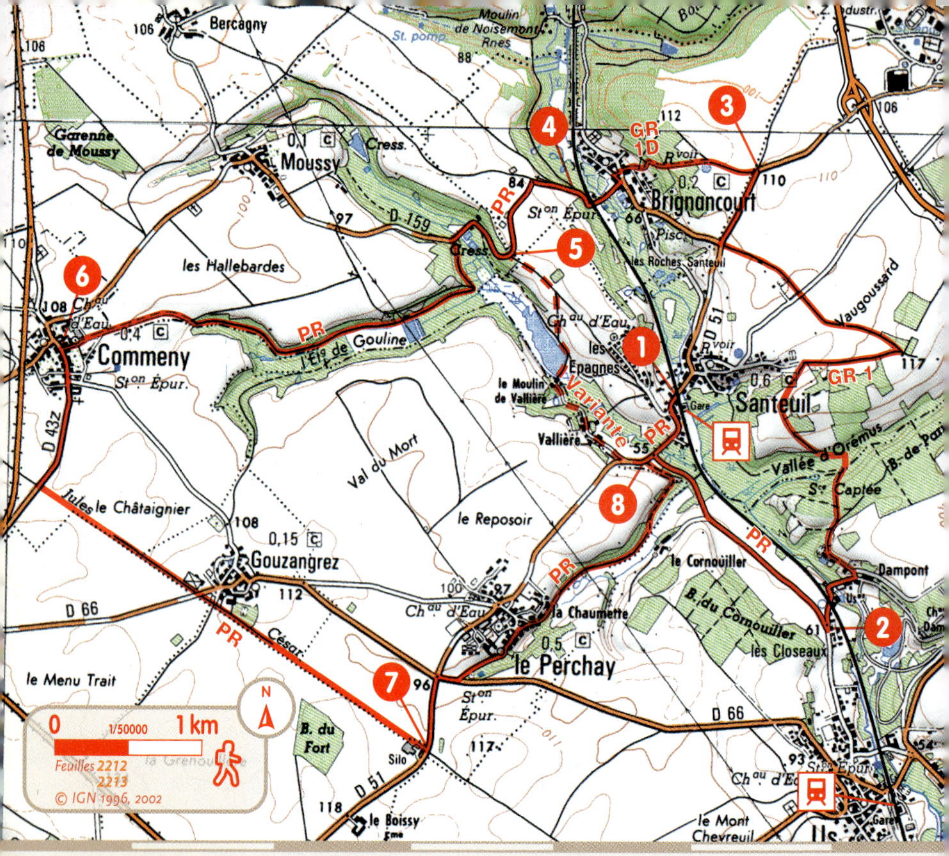

# ENVIRONNEMENT

## LA VIOSNE

LA VALLÉE DE LA VIOSNE / PHOTO P.H.

La Viosne prend sa source à Lierville (Oise) se jette dans l'Oise à Pontoise, après un parcours de 28 km, souvent rectiligne, sans méandre important et de très faible pente (environ 2 pour 1 000). Cette vallée est étroite (200 m environ). Le principal affluent est la Couleuvre (3,2 km), qui prend naissance à Moussy. Vingt-deux moulins étaient dénombrés sur la Viosne au XVIIIe siècle. Au moulin de Noisemont, le marais de Brignancourt est une zone humide d'intérêt régional, réputé au niveau faunistique et surtout floristique.

# De **la Viosne** à la chaussée **Jules César**

Découvrez les coteaux des deux rives de la Viosne et parcourez une ancienne voie romaine : la chaussée Jules César.

**1** De la gare, emprunter la D 51 à gauche. Elle vire à gauche et enjambe le ru de la Couleuvre.
Emprunter la petite route à gauche en direction d'Us.

**2** Aux Closeaux, tourner à gauche, franchir la voie ferrée et la Viosne. À Dampont, s'engager sue le chemin de terre à gauche puis, à la croisée de chemins, poursuivre par celui du milieu. Descendre dans la vallée de l'Orémus et, sur la rive opposée, virer à gauche. Monter par le chemin à droite et traverser le plateau. Longer le bois, passer entre les prés et arriver à une croisée de chemins. Gravir le chemin à droite, descendre à gauche en lisière du bois, couper la route, passer en bordure du terrain de sport et gagner un carrefour routier. Emprunter la D 159 à droite jusqu'aux deux anciens réservoirs.

**3** Prendre le chemin à gauche. Il descend dans le bois. Entrer dans Brignancourt par la rue de la Mairie et déboucher sur la place des Tilleuls. Tourner à gauche, puis emprunter à droite la rue de la Viosne. La D 159 franchit la Viosne puis la voie ferrée et vire à droite.

**4** Continuer par la D 159 qui traverse le plateau.

**> Variante du moulin de Vallière** *(circuit de 11,5 km, 3 h)* : prendre le chemin à gauche puis descendre dans la vallée de la Couleuvre *(voir tracé en tirets sur la carte ; balisage jaune, JC4).*

**5** Poursuivre par la D 159 qui descend dans la vallée de la Couleuvre et franchit le ru. S'engager sur le chemin à gauche, passer le moulin de Gouline et les étangs, puis continuer tout droit. Le sentier grimpe sur le plateau et conduit à Commeny.

**6** Emprunter la Grande Rue à gauche en direction de la N 14, passer la ferme du Lapin-Compote, puis la maison du Pain. Prendre à gauche la chaussée Jules-César. Continuer tout droit jusqu'à la table d'information de Gouzangrez, traverser la route et poursuivre jusqu'au silo à grains.

**7** Prendre la D 51 à gauche, la D 66 à droite, la route à gauche et passer l'église du Perchay. À la fourche, se diriger à droite, puis continuer tout droit par le chemin qui longe la vallée aux Moines.

**8** Utiliser la D 51 à droite pour retrouver le point de départ.

---

**S SITUATION**
Santeuil, à 20 km au nord-ouest de Cergy-Pontoise par les N 14 et D 51

**P PARKING**
gare de Santeuil – Le Perchay

**T TRANSPORT**
gare de Santeuil - Le Perchay (ligne Paris Saint-Lazare - Gisors)

**B BALISAGE**
**1 à 2 >** jaune (R2)
**2 à 3 >** blanc-rouge
**3 à 4 >** blanc-rouge
**4 à 8 >** jaune (JC4)
**8 à 1 >** jaune (R2)

---

## À DÉCOUVRIR...

**> En chemin :**
• Santeuil : cimetière mérovingien, église Saint-Pierre-et-Paul XIII$^e$-XVI$^e$ siècle, croix XV$^e$ siècle
• Brignancourt : église Saint-Pierre-aux-Liens XI$^e$-XVI$^e$ siècle (Vierge à l'Enfant XIV$^e$ siècle) étang et moulin de Gouline
• Commeny : ferme du Lapin-Compote (lapin et produits transformés à base de lapin bénéficiant du label « produit du Parc »), maison du Pain chaussée Jules César
• Le Perchay : église vallée aux Moines

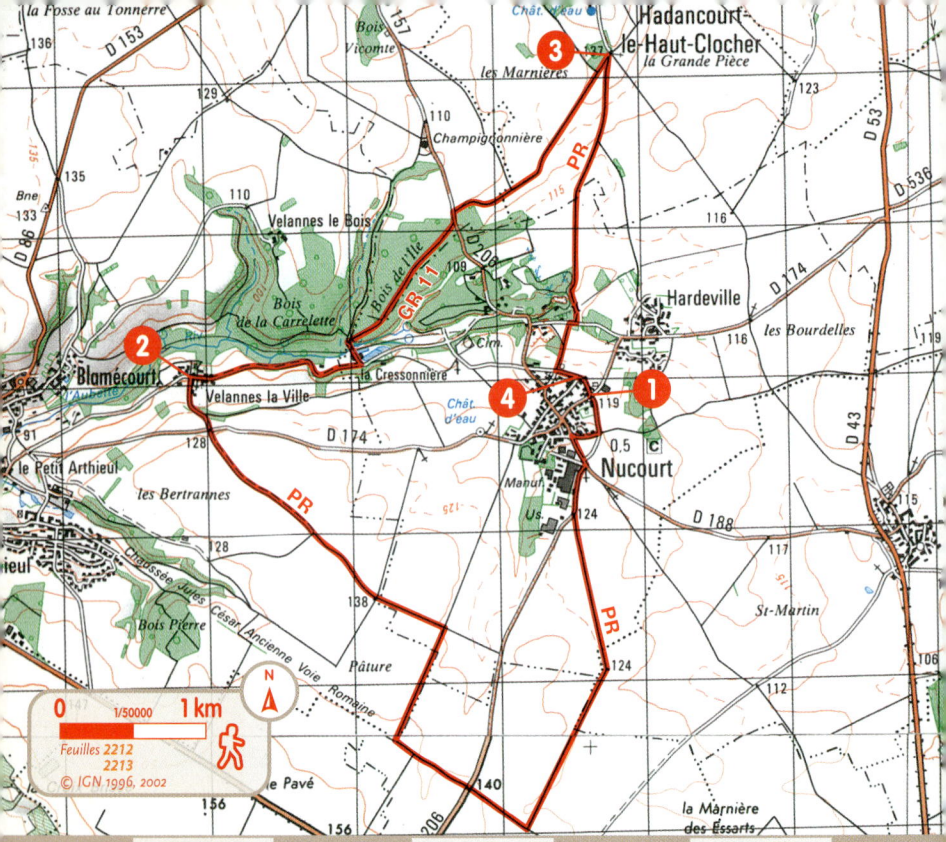

# FAUNE ET FLORE

## LA CULTURE DU CRESSON

C'est au XIXe siècle que se sont développées les cressonnières. Auparavant, le cresson était cueilli à l'état sauvage. Le cresson a besoin de beaucoup d'eau pour se développer, la localisation des cultures est liée à la présence de sources. Les cressonnières étaient une des principales activités possibles dans les zones de marais. Il n'existe plus de cressonnières en activité dans le Val-d'Oise. C'est dans la vallée du Croult, dans la vallée de Montmorency, dans la région de Luzarches et au nord-ouest de la vallée de la Viosne qu'elles s'étaient principalement développées. On peut en apercevoir les traces dans certains marais (dans celui de Brignancourt

CRESSON / DESSIN N.L.

par exemple). Les exploitations, souvent de type familial, disposaient de matériel et d'une installation simples. Une cressonnière comprend des fosses de 2,50 m de large sur une cinquantaine de mètres de longueur. La profondeur de l'eau varie de 40 à 50 cm. Les fosses sont généralement orientées nord/sud pour que l'insolation soit également répartie en hiver. L'eau est amenée et évacuée par un système de canaux. Le travail du «cressiculteur» était pénible. Il y avait parfois jusqu'à cinq cueillettes par an.

# Les **cressonnières** de l'**Aubette**

**Des cressonnières de l'Aubette de Magny aux carrières de Nucourt, abri des V1 pendant la Seconde guerre mondiale**

**❶** En face de l'entrée du gîte d'étape, à l'est du village de Nucourt sur la D 174, prendre une route. Au premier carrefour, tourner à droite puis à gauche pour suivre la D 206. À la deuxième bifurcation, abandonner la D 206 pour un chemin à gauche à travers champs, direction sud. Le chemin oblique sud-ouest puis arrive à une jonction en " T ". Tourner à droite vers un arbre isolé et traverser la D 206 ; 600 m plus loin, s'engager à droite (nord-est) dans un chemin herbeux sur 800 m, puis à gauche (nord-ouest). Couper la D 174. Prendre en face une route *(à gauche, sous des rochers, entrée du gouffre du Rouge-Gorge)* débouchant dans le vallon de l'Aubette à Vélannes-la-Ville.

**❷** Emprunter à droite un chemin empierré. Longer le vallon boisé. Atteindre un ancien moulin restauré, au lieudit La Cressonnière. Virer à gauche, franchir l'Aubette *(cressonnières)*, puis la voie ferrée désaffectée. Arriver devant une source formant bassin au pied d'une petite falaise. Tourner à gauche, puis à droite pour entrer dans le bois de l'Ile. Obliquer sur la droite par un raidillon. Traverser le bois, puis la D 206 en crochet gauche-droite. Prendre un large chemin longeant la partie nord-est du bois de l'Ile, puis déboucher en pleins champs. Parvenir à un petit bois.

**❸** Avant un calvaire, à un carrefour, bifurquer franchement à droite en épingle à cheveux sur un chemin empierré et herbeux en direction du sud-ouest. Passer au-dessus de la voie ferrée. Tourner à droite *(à 250 m, ancienne station de Nucourt : cars SNCF)*, puis à gauche pour prendre un chemin de terre en direction du village de Nucourt. Emprunter à gauche la route du Chemin-de-Dangu.

**❹** Contourner le village par l'est pour aboutir au gîte d'étape.

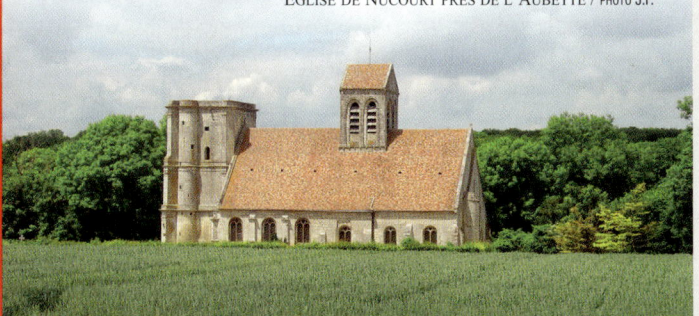

ÉGLISE DE NUCOURT PRÈS DE L'AUBETTE / PHOTO J.F.

## SITUATION
**S** Nucourt, à 52 km au nord-ouest de Paris par A 86, A 15, N 14, D 43, D 188

## PARKING
**P** au gîte des foyers ruraux de Nucourt

## BALISAGE
**B**
**1 à 2** > jaune
**2 à 3** > blanc-rouge
**3 à 4** > jaune
**4 à 1** > blanc-rouge

## À DÉCOUVRIR...

> **En chemin :**
• Nucourt : nécropole au « Vieux-hêtre » ; cimetière mérovingien aux Luyats ; hors itinéraire : église Saint-Quentin XIIe - XVIe ; calvaire XVIe dans le cimetière.
• Hadancourt-le-Haut-Clocher : église Saint-Martin XIIe, remaniée au XVIe

> **Dans la région :**
• Magny-en-Vexin : église XVe et Renaissance, hôtel de ville (ancien hôtel Louis XVI)

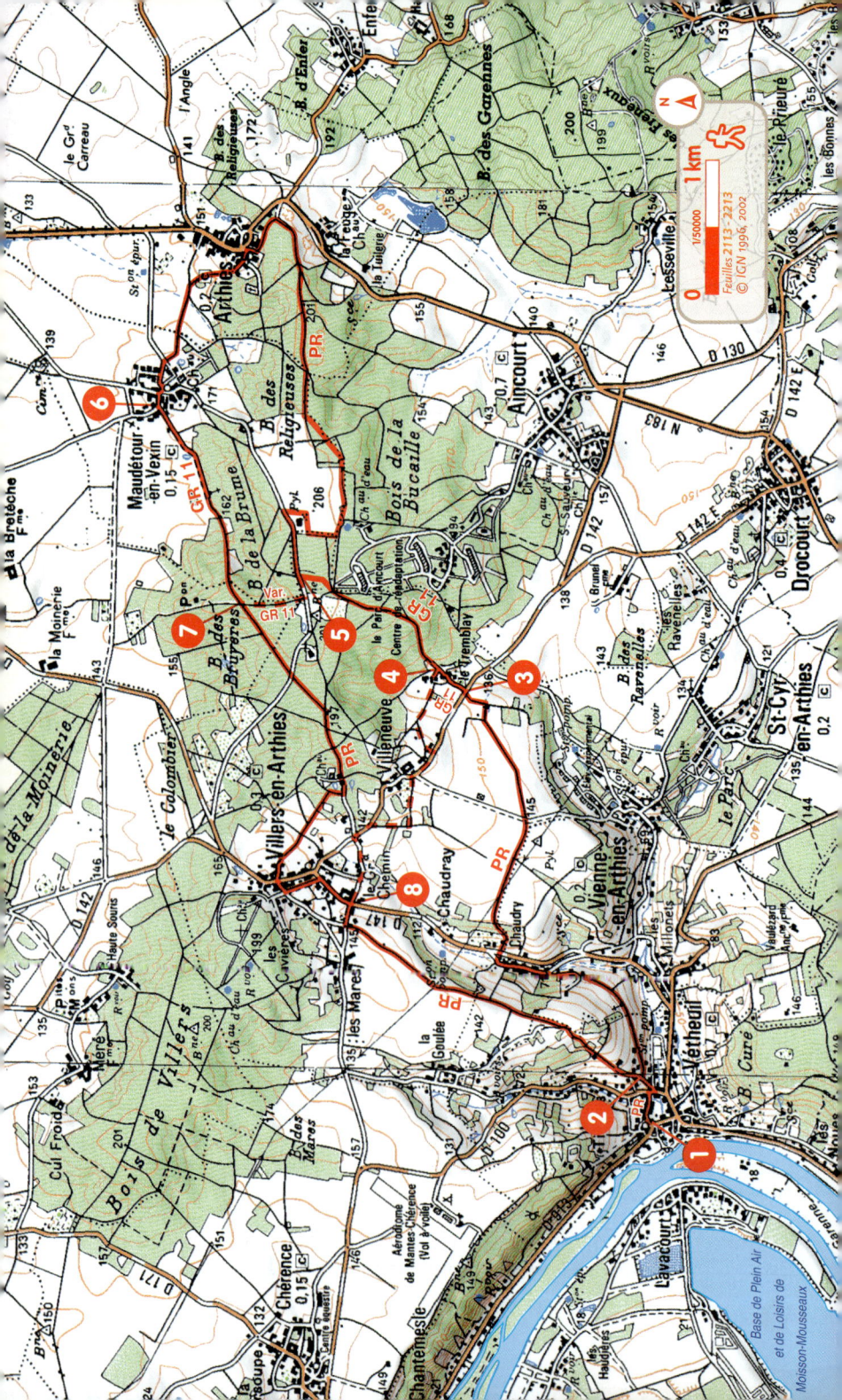

# Les « herbes » de Chaudry et les cinq châteaux

Du vallon de Chaudry, lieu que fréquentait, au XVIIe siècle, Christophe Ozanne, célèbre guérisseur, partez à la découverte des cinq châteaux des seigneuries du Vexin.

**1** Derrière l'église de Vétheuil, prendre la rue du Moûtier. Au bout, passer sous la voûte et poursuivre par la ruelle. Monter par la route à gauche sur 150 m.

**2** Partir à droite en épingle à cheveux, puis monter tout droit par la route qui passe dans Chaudry. Dévaler à droite la sente des Sources, couper la D 147 et gravir le chemin en face. Il traverse le plateau. Au croisement en «T», prendre le chemin à gauche. Il débouche sur la D 142.

**3** Prendre en face le chemin de Bellevue et gagner Le Tremblay.
**> Variante *(circuit de 10 km, 3 h ; balisage jaune)* : voir tracé en tirets sur la carte.**

**4** Poursuivre tout droit et, à la sortie du hameau, monter tout droit dans le bois. Le chemin longe un mur et débouche sur une petite route.
**> Variante *(circuit de 12,5 km, 3 h 15 ; balisage blanc/rouge : GR11)* : voir tracé en tirets sur la carte.**

**5** Prendre la route à droite et, après le relais de télévision, le chemin à droite. Contourner le bâtiment, s'enfoncer dans le bois sur 150 m, puis se diriger à gauche et traverser le bois *(zone très humide)*. Poursuivre en lisière *(vue sur le château de la Feuge)* et, en vue d'Arthies, ne pas descendre vers la N 183, mais s'engager sur la sente à gauche en sous-bois. Elle passe en bordure du château d'Arthies et mène à l'église. Descendre par le chemin bordé de pâtures sur 500 m, obliquer à gauche, suivre la clôture et continuer par la route qui longe le parc du château de Maudétour-en-Vexin. Face à l'église, descendre la ruelle.

**6** Suivre à gauche la route des Moines, poursuivre par le chemin du Tertre, longer le bois de la Brume, puis monter dans le bois des Bruyères.

**7** Continuer tout droit, couper la route, puis longer le mur du château de Grand-Saint-Léger. Face au portail, suivre le chemin qui mène à Villiers-en-Arthies et traverser la D 142. Emprunter la route des Mares puis, dans l'axe de l'allée du château, le chemin à gauche et la D 147 à droite. Elle mène à la ferme du Grand-Chemin.

**8** Prendre la route à droite en direction de Chérence sur 250 m, puis descendre par le chemin à gauche et retrouver l'intersection de l'aller.

**2** Par l'itinéraire utilisé à l'aller, regagner l'église de Vétheuil.

---

**S SITUATION**
Vétheuil, à 10 km au nord de Mantes-la-Jolie par les D 983 (direction Magny-en-Vexin) et D 913

**P PARKING**
église

**T TRANSPORT**
Bus du Vexin venant de Mantes-la-Jolie (train de Paris-Saint-Lazare)

**B BALISAGE**
1 à 3 > jaune
3 à 5 > blanc-rouge
5 à 6 > jaune
6 à 7 > blanc-rouge
7 à 2 > jaune

---

## À DÉCOUVRIR...

**> En chemin :**
• Vétheuil : église Notre-Dame XIIe-XVIe siècle
• Arthies : église Saint-Aignan, château XVe siècle, manoir XVe-XVIe siècle
• Maudétour-en-Vexin : cimetière mérovingien, château XVIIIe siècle, château de la Feuge, ferme de Mézières
• Villers-en-Arthies : château Louis XII, église (nef XVe siècle)

# Le Parc naturel régional du Vexin français

MAISON DU PARC, CHÂTEAU DE THÉMÉRICOURT / PHOTO CG95 / C DE C

Créé en 1995, ce parc naturel regroupe 99 communes du Val-d'Oise et des Yvelines comprises dans le Vexin français. En 1996, il a adopté une charte qui définit clairement ses objectifs :
- sauvegarder et enrichir les espaces naturels,
- réhabiliter et réutiliser le patrimoine bâti, restaurer et mettre en valeur le patrimoine culturel,
- maintenir et développer l'agriculture dans le respect de l'environnement,
- permettre un développement local raisonné et actif, créateur d'emplois,
- favoriser le maintien de la vie locale,
- développer un tourisme vert et culturel,
- faire du parc un lien de communication, d'information, d'animation, d'échanges et de promotion.
La Maison du Parc, à Théméricourt, occupe un château, réaménagé pour devenir lieu d'accueil.

# Un homme désintéressé

« Il guérit ceux qu'il traite et n'en veut pas un sou », écrivait l'abbé de Coulanges à sa cousine, la marquise de Sévigné.
Près du hameau de Chaudry, à Chaudray, le guérisseur Christophe Ozanne (1633-1713), simple laboureur, soignait par les plantes. On venait le voir de Paris et de Versailles.

Dans la Grande Histoire de Cergy, Jean Aubert cite « qu'il a une telle connaissance des herbes que les cancers, la gravelle, les ulcères, rien ne tient devant lui ; on ne parle que des cures étonnantes qu'il fait et de son désintéressement selon Madame de Sévigné ».

VÉTHEUIL / PHOTO J. -P. J.

CROIX PATTÉE / PHOTO PNRVF

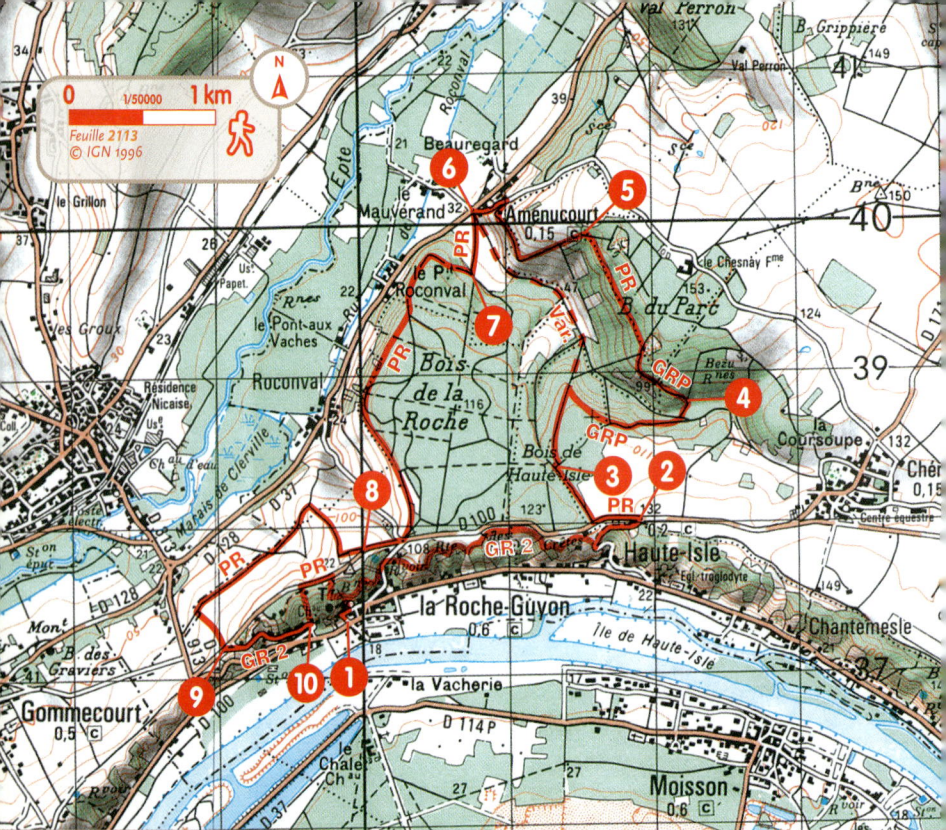

## UNE FORTERESSE INEXPUGNABLE

Le château de la Roche-Guyon est un ensemble unique en Ile-de-France qui permet de découvrir dix siècles d'histoire. Au XIIᵉ siècle, le premier château fut construit dans la falaise. À ses pieds un corps de logis relié par un passage secret au donjon. Une position dominante sur l'Epte et la Seine lui donna une valeur inestimable ! Jusqu'au XVᵉ siècle, il appartint aux Guy de la Roche, puis tomba aux mains des Anglais. À la Renaissance, les de Silly en firent une agréable demeure où séjournèrent François Ier et Henri IV. Au XVIIIᵉ siècle, le duc de la Rochefoucauld et Mme d'Enville, sa fille, créèrent écuries, terrasses, pavillons...

Turgot, Condorcet, Montalembert furent les hôtes du salon, de la bibliothèque et du petit théâtre... Puis, au XIXᵉ siècle, le duc de Rohan, devenu cardinal, aménagea l'ancienne chapelle troglodyte. On y rencontrait alors Victor Hugo, Lamartine et Montalembert. Enfin, en février 1944, pendant la Seconde Guerre mondiale, Rommel s'y installa avec son état-major et fit creuser des casemates. Aujourd'hui avec l'appui du Conseil Général, le château est ouvert au public. Des visites guidées et des expositions sont proposées.

**Pour tout renseignement** :
Tél. du château 01 34 79 74 42.

# La **Roche-Guyon**

**Un donjon féodal flanqué d'un château Renaissance, sentinelle éternelle face aux rives de la Seine.**

**1** De la halle de la mairie, se rendre à l'église en passant devant le château puis le gîte d'étape. Monter un escalier et prendre le chemin en sous-bois. Traverser en crochet gauche-droite une route. Poursuivre à flanc de coteau parallèlement à la route des Crêtes.

**2** Prendre cette route à gauche jusqu'à la lisière du bois de Haute-Isle. S'engager à droite sur un sentier le longeant.

**3** Continuer à travers le bois de Haute-Isle, puis prendre le premier chemin à droite et bifurquer ensuite à gauche.

**4** Tourner à gauche, puis continuer tout droit en laissant le GR de Pays à droite.

**5** Descendre à gauche sur le chemin mal délimité à travers les pâturages qui, 250 m plus loin, tourne à droite ; après encore 250 m, franchir un portail *(bien le refermer)*. Suivre à gauche la D 37.

**6** Tourner à gauche sur un chemin qui traverse les champs pour rejoindre la forêt.

**7** Prendre à droite le chemin, puis suivre le sentier dominant la vallée de l'Epte. Emprunter à droite la route des Crêtes sur 250 m.

**8** S'engager à droite sur un étroit chemin longeant un bosquet. Après 250 m *(balisage difficile)*, tourner à droite ; 500 m plus loin, obliquer à gauche. À la ligne électrique, monter à gauche pour la longer.

**9** Couper la route des Crêtes. Descendre en passant entre les falaises de craie.

**10** Dans un virage, prendre à gauche la sente des Jurés qui monte fortement. Longer le mur du château. Suivre à droite la route des Crêtes sur 100 m. À la limite d'un bois, descendre à droite vers un donjon et par des lacets, gagner la mairie.

CHÂTEAU DE LA ROCHE-GUYON / PHOTO CDRP95

---

**S** **SITUATION**
La Roche-Guyon, à 68 km à l'ouest de Paris par A 14, A 13, D 983, D 147, D 913

**P** **PARKING**
à la halle de La Roche-Guyon

**B** **BALISAGE**
**1 à 2** > blanc-rouge
**2 à 3** > jaune
**3 à 4** > jaune-rouge
**4 à 5** > jaune-rouge puis jaune
**5 à 6** > non balisé
**6 à 9** > jaune
**9 à 10** > blanc-rouge
**10 à 1** > jaune

**!** **DIFFICULTÉS !**
**1 à 2** > parcours accidenté (fortes pentes)
**10 à 1** > passage dangereux (très glissant) par temps humide.

## À DÉCOUVRIR...

**>** **En chemin :**
• La Roche-Guyon : église XVe et XVIe siècle; château XVe et XVIe siècle; donjon XIIIe siècle; habitations troglodytiques ; fontaine de 1742 ; route des Crêtes : panorama sur les méandres de la Seine

**>** **Dans la région :**
• Giverny : maison de Monet
• Haute-Isle : église troglodytique

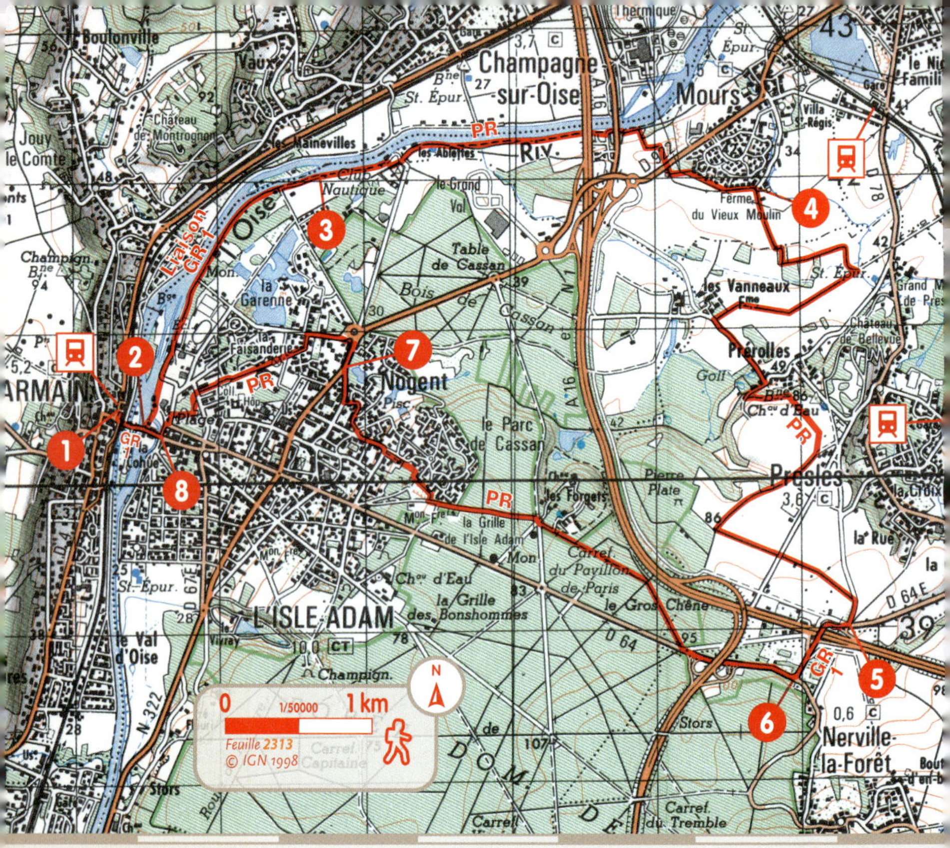

# LE PAVILLON CHINOIS DE CASSAN

Témoin du goût de quelques riches personnages pour le style « anglo-chinois », le pavillon de Cassan s'offre au regard lorsque, quittant l'Isle-Adam, on emprunte la route de Beaumont. De forme octogonale, double toit « en pagode », cette construction exotique repose sur une forte base de pierre. Côté route, le pavillon est entouré de rhododendrons, alors qu'il faut pénétrer dans le domaine de Cassan pour voir cette insolite construction se mirer dans les eaux d'un bel étang. Soulignons qu'il ne demeure en France que très peu de traces de ce type d'architecture, témoignage de la curiosité de l'homme du XVIIIe siècle, de son plaisir à découvrir le monde.

PAVILLON CHINOIS / PHOTO J.-P. J

# Le **Pavillon chinois**

**Architecture presque disparue, cette « fabrique » du XVIIIe siècle est construite d'après des documents rapportés d'Italie par Fragonard.**

**1** Sortir de la gare, franchir à gauche le passage à niveau, puis emprunter les deux ponts sur l'Oise.

**2** Après le deuxième pont, tourner à gauche, passer devant les écluses et suivre le chemin de halage jusqu'à l'île de Champagne.

**3** Continuer le long de l'Oise, passer sous le pont de l'A 16, puis sous celui de la N 1 et, après 200 m, monter à droite. Longer le gazoduc et traverser la D 922 *(prudence !)*. Poursuivre en bordure des lotissements et arriver à la ferme du Vieux-Moulin.

**4** Emprunter le chemin à droite. Il zigzague à travers champs et bois. Au niveau du pont, prendre le large chemin à droite et gagner la ferme des Vanneaux. Parcourir la route à gauche et, au calvaire de Prérolles, gravir le chemin à droite. Il atteint le plateau, vire à gauche, laisse le château d'eau à gauche, puis part à droite et dépasse la corne d'un bois. Tourner à gauche, couper la route, puis suivre la route à droite.

**5** Au carrefour, prendre la route à droite et franchir le pont qui enjambe la N 1.

**6** Emprunter la D 64 à droite. Elle passe sous le pont de la N 184. À l'extrémité du grand carrefour, obliquer à droite dans la route forestière des Louveteaux. Après la maison forestière des Louveteaux, s'engager à droite sur la sente de l'ancienne église de Nogent et longer la rue. Continuer par la rue Saint-Martin, puis par la rue Pierre-Morard à droite et la rue de Nogent à droite. Elle mène au Pavillon Chinois.

**7** Continuer tout droit par la D 922. Prendre l'avenue du Chemin-Vert à gauche et la rue des Chalets à gauche. Au kiosque à musique, poursuivre tout droit par l'allée Verte en bordure du lycée. Entrer dans le parc Manchez, obliquer à gauche puis à droite, puis tourner à gauche pour contourner la plage.

**8** Franchir le pont à droite.

**2** Rejoindre la gare.

---

**PR** agréé(e) **30**

**DIFFICILE**

**4H45 • 19KM**

**S SITUATION**
Parmain, à 35 km au nord de Paris par les N1, D 64E et D 64

**P PARKING**
gare

**T TRANSPORT**
gare de L'Isle-Adam-Parmain (ligne Paris-Nord - Persan-Beaumont par Valmondois)

**B BALISAGE**
1 à 3 > blanc-rouge
3 à 5 > jaune (IA2)
5 à 6 > blanc-rouge
6 à 8 > jaune (IA2)
8 à 1 > blanc-rouge)

---

**À DÉCOUVRIR...**

**>** **En chemin :**
• Mours : vestiges gallo-romains, maison des Pénitents Blancs
• L'Isle-Adam : Pavillon Chinois, église Saint-Martin XVe siècle

# Découvrir,
# Les Yvelines

De gauche à droite : SAINT-RÉMY-LES-CHEVREUSE : DOMAINE DE COUBERTIN ; MANTES : COLLÉGIALE / PHOTOS J.-P. J. ; RANDONNEURS EN FORÊT / PHOTO G.T. ; THIVERVAL : LAVOIR / PHOTO J.-P. J.

Le département des Yvelines est sans doute l'un des sites les plus boisés de l'Ile-de-France. Les carrefours et les étoiles de ses grandes forêts, Marly, Rambouillet, Saint-Germain-en-Laye retentissent encore du galop des chasses royales. Les noms prestigieux des châteaux de Versailles, Dampierre, Chevreuse, Saint-Germain, Maisons-Lafitte racontent l'Histoire de France. Houdan, Montfort-L'Amaury, Beynes et Chevreuse évoquent les batailles du Moyen Âge. Les chapiteaux de Triel-sur-Seine et Mantes-la-Jolie ne portent pas ombrage aux modestes églises des villages qui méritent également une visite. Et dans ce département très noble, les chemins se faufilent sous les chênes millénaires, le long des rivières discrètes de l'Yvette et de la Mauldre, par les sous-bois de ses 65 000 hectares d'espaces boisés. La faune, si difficile à observer, vous attend en toute liberté à l'Espace Rambouillet. De tels attraits ne devaient pas laisser insensibles les artistes parisiens. Vous visiterez ainsi les demeures et les paysages qui ont inspiré Alexandre Dumas à Port-Marly, Tourgueniev à Bougival, Zola et Maeterlinck à Médan, Renoir et Vlaminck à Chatou, Sisley à Marly-le-Roi, Derain à Chambourcy. Les oiseaux eux-mêmes ont bien su écouter les mélodies de Debussy à Saint-Germain-en-Laye ou de Ravel à Montfort-L'Amaury. Et si vous êtes fatigués de ces noms prestigieux, avec un désir de vous perdre, n'oubliez pas les vergers des coteaux de la Seine, les rives fleuries de la Rémarde ou encore l'allée couverte de la Cave aux Fées à Brueil-en-Vexin.

Ci-contre : LE CHEMIN DES PETITS PONTS / PHOTO F. H./ PNR H.-V. C.

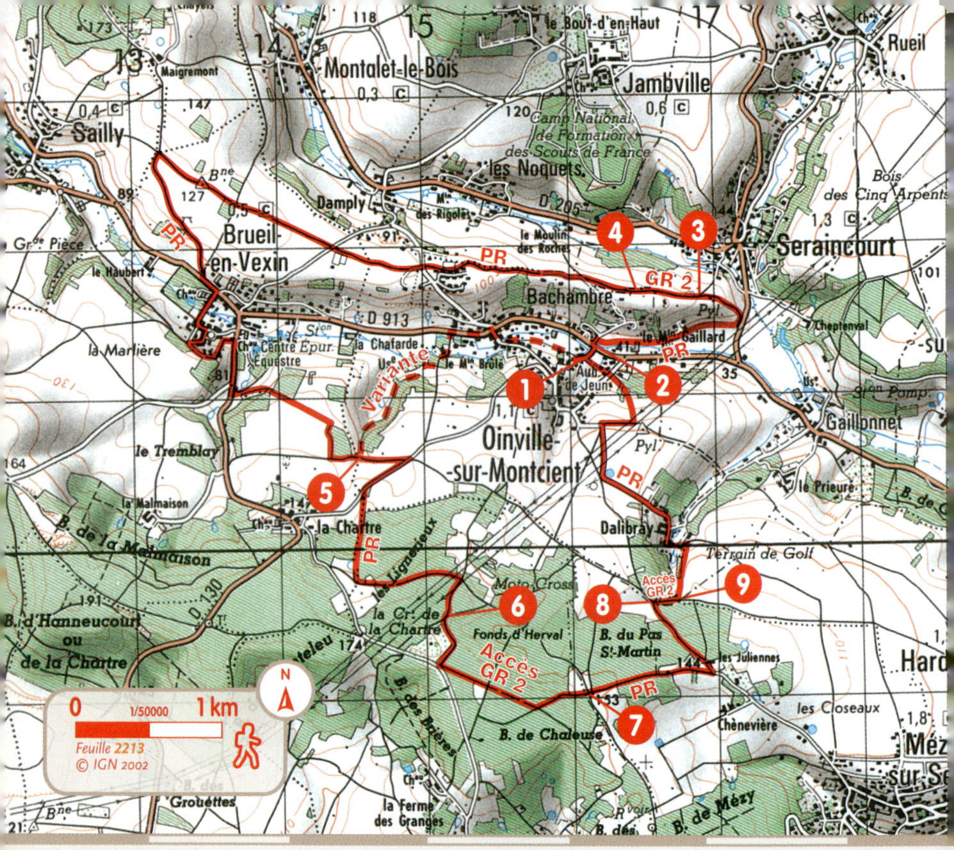

Montalet-le-Bois
Jambville
Rueil
Sailly
Camp National de Formation des Scouts de France
les Noquets
Bois des Cinq Arpents
Damply
Grae Pièce
le Haubert
PR
Brueil-en-Vexin
Bachambre
Seraincourt
**4**   **3**
GR 2
Cheptenval
la Marlière
Ch. Centre Equ. Equestre
la Chafarde
le Marcaillard
PR
**1**   **2**
Oinville-sur-Montcient
Gaillonnet
le Tremblay
Variante
B. de la Malmaison
la Malmaison
**5**
la Chartre
PR
Dalibray
le Prieuré
B. de
B. d'Hanneucourt ou de la Chartre
la Cre de la Chartre
Moto Cross
Terrain de Golf
Accès GR2
**9**
**6**   **8**
Fonds d'Herval
Accès GR 2
B. du Pas St-Martin
les Juliennes
Hard
**7**
PR
B. de Chaleuse
Chênevière
les Closeaux
Méz sur S
Grouettes
la Ferme des Granges
B. de Mézy

0   1/50000   1 km
Feuille 2213
© IGN 2002

N

# GÉOLOGIE ET PRÉHISTOIRE
## DES COTEAUX APPRÉCIÉS DÈS LA PRÉHISTOIRE

PHOTO A.-M. M.

Mantois. La tour-clocher du XIIIe siècle de l'église Saint-Séverin et ses voûtes de style flamboyant sont un beau lieu de départ pour la randonnée. Sur le circuit, l'allée couverte de la Cave aux Fées est une incitation à la rêverie, sur les hauteurs qui dominent Brueil-en-Vexin. Le mégalithe était déjà connu avant la Révolution. Il a été restauré seulement entre 1975 et 1977. Près de deux cents squelettes au total ont été retrouvés sur le site archéologique (environ 2000 ans avant J.-C.). Un lieu sans doute apprécié pour ces coteaux ensoleillés, cultivés autrefois pour la vigne et maintenant pour les arbres fruitiers.

Aux portes du Vexin français, Oinville-sur-Montcient s'éloigne de la zone industrielle de la vallée de la Seine et du

# Coteaux de la Montcient

**DIFFICILE**

**4H30 • 17KM**

Sur la rive droite de la Seine, entre Mantes-la-Jolie et Meulan, la rivière de la Montcient se faufile par des collines idéales pour la randonnée.

**1** Rejoindre la D 913.

**2** Traverser la D 913. Prendre à droite le chemin Gaillard puis, à la D 13, gravir le chemin à gauche et déboucher sur le chemin de crête.

**3** Poursuivre tout droit sur 500 m.

**4** Laisser le chemin à gauche. Emprunter la petite sente sur la gauche, puis repartir en direction de l'ouest. Traverser deux routes puis un chemin et, 800 m plus loin, prendre à gauche. Après avoir longé un monument mégalithique *(allée couverte de la Cave aux Fées)*, descendre vers Brueil-en-Vexin. Traverser la D 913 puis prendre à droite en direction de l'église. Contourner ensuite le village par le sud, puis emprunter à droite la D 130. À la sortie de Brueil, s'engager à gauche dans un large sentier montant vers un bois ; à l'entrée de celui-ci, tourner à droite puis à gauche pour le longer.

**> À gauche, la variante du Moulin Brûlé ramène en 2 km au point de départ.**

**5** Continuer tout droit, puis prendre la route à droite. S'engager à gauche sur le chemin qui entre dans le bois de Juziers. À une clairière, se diriger à gauche puis à droite à la hauteur d'une ligne électrique.

**6** Tourner légèrement à droite puis à gauche avant d'atteindre la route de Juziers à la Chartre ; 750 m plus loin, prendre à gauche un chemin qui mène à la sortie du bois.

**7** Aux Grandes Marnières *(vastes pièces de terre)*, continuer tout droit. À la maison forestière, tourner à gauche et poursuivre dans la même direction jusqu'à une intersection.

**8** Emprunter le chemin à droite jusqu'à une propriété.

**9** Descendre à gauche, tourner à gauche puis à droite pour traverser Dalibray, puis remonter par la route sur le plateau. Au réservoir, continuer par la route à droite et, dans le virage à gauche, prendre le chemin à droite sur 100 m. Dévaler le chemin à gauche, couper la rue et poursuivre par le chemin des Moines qui ramène au point de départ.

## S SITUATION
Oinville-sur-Montcient à 40 km à l'ouest de Paris par A 14, A 13, D 43, D 913

## P PARKING
rue de Gournay à la mairie de Oinville

## B BALISAGE
1 à 2 > blanc-rouge
2 à 3 > jaune (PR60)
3 à 4 > blanc-rouge
4 à 5 > jaune (PR61)
5 à 6 > jaune (PR60)
6 à 7 > blanc-rouge
7 à 8 > jaune (PR63)
8 à 9 > blanc-rouge
9 à 1 > jaune (PR62)

## À DÉCOUVRIR...

**> En chemin :**
• Brueil-en-Vexin : église à clocher roman, pigeonnier du château
• Oinville-sur-Montcient : église des XIIe et XIIIe siècle, ancienne papeterie, lavoirs

**> Dans la région :**
• Triel-sur-Seine : église Saint-Martin gothique du XIIIe siècle ; observatoire

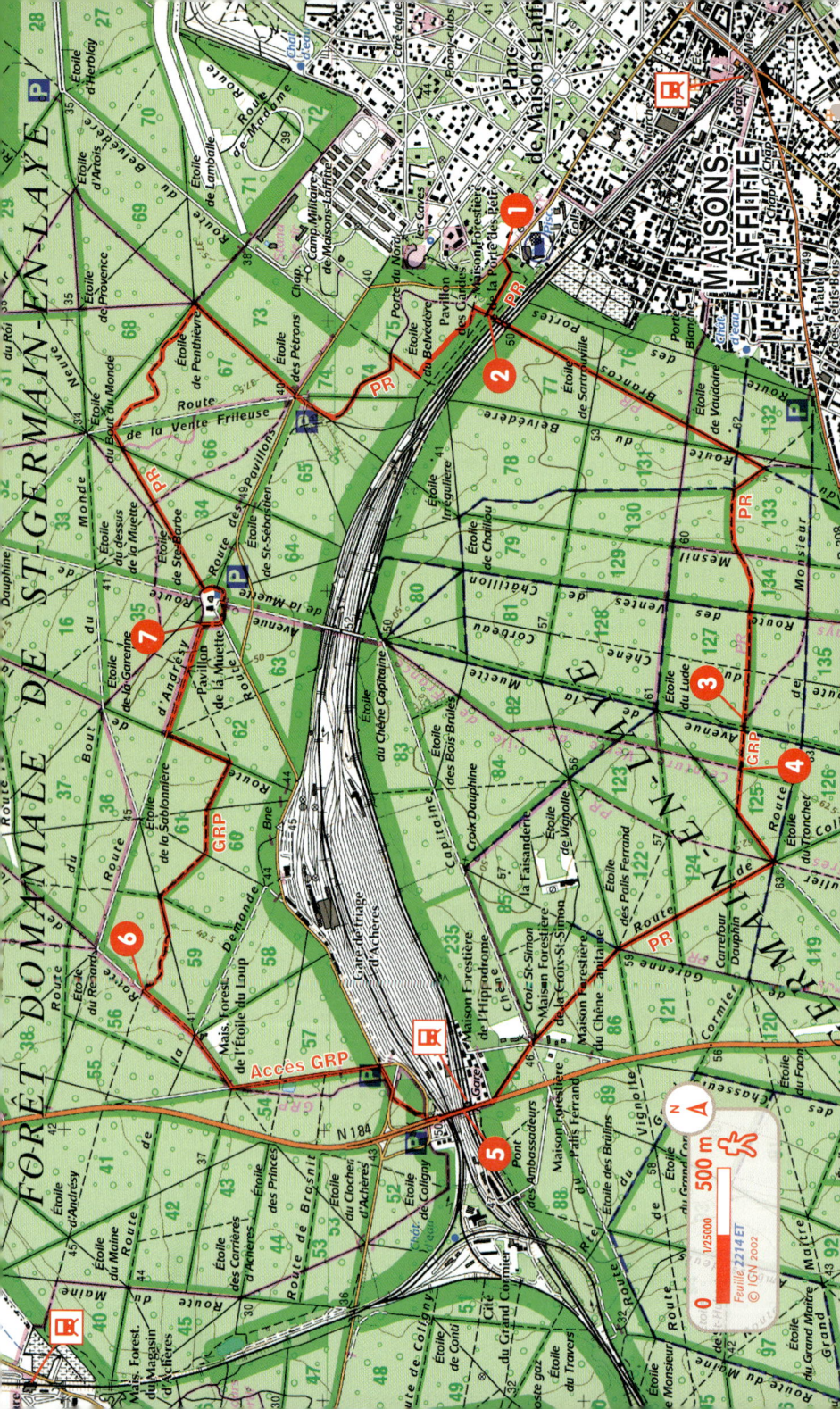

# Forêt de Saint-Germain

Maisons-Laffitte, c'est tout à la fois la cité du cheval, les placements immobiliers du banquier Laffitte et, pour le randonneur, l'extrême nord de la forêt domaniale de Saint-Germain, environné par la Seine.

**1** Juste après la maison forestière des Pétrons, se diriger à gauche sur 120 m.

**2** Tourner à gauche, franchir le pont au-dessus de la voie ferrée. Le sentier reste parallèle à la piste cavalière des Brancas. Effectuer un virage en épingle vers la droite, couper la piste du Mesnil puis obliquer légèrement à gauche.

**3** Poursuivre tout droit. Traverser la piste rectiligne de la Muette.

**4** 200 m plus loin, continuer tout droit puis bifurquer à gauche. Gagner l'étoile du Tronchet. Suivre la deuxième branche à droite dite de Coligny. Arriver 1,5 km plus loin à la croix Saint-Simon. Atteindre ensuite la gare d'Achères-Grand-Cormier.

**5** Franchir le pont sur les voies ferrées et descendre par l'escalier menant au parking. Longer sur 50 m la route d'Achères à Maisons-Laffitte. Emprunter à gauche en direction du nord une route interdite à la circulation. À l'intersection d'une route désaffectée, suivre vers la droite (nord-est) l'allée recouvrant le gazoduc

**6** 500 m plus loin, tourner à droite et, par un itinéraire sinueux, gagner le pavillon de la Muette.

**7** Emprunter sur quelques mètres une petite route puis un chemin circulaire sur la droite. Traverser la route de la Vente-Frileuse et se faufiler au milieu d'une sapinière. A l'étoile de Penthièvre, tourner à droite et emprunter une allée rectiligne qui suit le tracé de l'ancienne voie ferrée reliant Maisons-Laffitte à son champ de courses. Arriver à la clairière de l'étoile des Pétrons, traverser la route puis le parking. A l'extrémité de celui-ci, emprunter le chemin de gauche puis, 200 m plus loin, tourner à gauche. 500 m plus loin, tourner à droite et après 200 m, obliquer à gauche. Rejoindre par une longue ligne droite la Maison forestière de la Porte des Pétrons et le parking de la piscine de Maisons-Laffitte.

---

**S SITUATION**
Maisons-Laffitte à 16 km à l'ouest de Paris par N 192 et D 308

**P PARKING**
de la piscine de Maisons-Laffitte, à proximité de la maison forestière de la Porte des Pétrons

**T TRANSPORT**
gare d'Achères - Grand-Cormier (RER A, ligne de Poissy)

**B BALISAGE**

**1 à 2** > jaune (PR11)
**2 à 3** > jaune (PR12)
**3 à 4** > jaune-rouge
**4 à 5** > jaune (PR12)
**5 à 7** > jaune-rouge
**7 à 1** > jaune (PR11)

---

**À DÉCOUVRIR...**

> **En chemin :**
• Maisons-Laffitte : château construit de 1641 à 1651 par François Mansart ; musée du cheval de course en France

> **Dans la région :**
• Saint-Germain : musée des antiquités nationales (château), musée du prieuré, musée de la 2e D.B.
• Chambourcy : atelier Derain, désert de Retz

# LA SAGA DE L'IMMOBILIER

Il était une fois une colline dans la forêt de Saint-Germain. Blottie dans le grand méandre de la Seine, elle est déjà convoitée par les Romains sur le plan immobilier sous le nom de « *Mansio* ». Des pêcheurs et des moines l'occupent au Haut-Moyen Age. Puis des seigneurs, comme il se doit. Il s'agira par la suite d'une longue surenchère immobilière. Le sieur Jean de Longueil achète en 1460 pour six cents écus la moitié de la terre de Maisons-sur-Seine. Une bonne opération financière ! En 1602, le huitième sieur de Longueil rachète le reste de la colline pour neuf mille écus... Ca augmente ! Son fils, René, fait bâtir un château. Ami de Richelieu, il y reçoit le roi Louis XIII lors des rendez-vous de chasse. Cela peut servir ! En 1641, Mansart reconstruit le château en pierre blonde de Chantilly pour six millions de francs... De quoi presque ruiner le futur surintendant des finances ! Un siècle plus tard, le descendant Jean-René de Longueil introduit le caféier dans le jardin botanique. Homme de goût, il reçoit Voltaire qui évoquera son château dans son « Temple du goût ». Le marquis de Maisons meurt bientôt de la petite vérole, laissant près d'un million de dettes. Sans commentaire ! Au début du XIXe siècle, le futur Charles X, comte d'Artois rachète le château de Maisons où il aménage de somptueuses écuries vers 1780. A la Révolution, il laissera ici plus de quarante millions de dettes. Epoque de vicissitudes et d'aventures ! Le maréchal Lannes devient propriétaire du château en 1804. Sa veuve le vend enfin en 1818 au

ABREUVOIR DE MAISONS-LAFFITTE / PHOTO A.-M. M.

banquier Jacques Laffitte pour la somme rondelette de quinze cent mille francs. Le banquier avait fait fortune. Il restaure le château, en dépensant plus d'un million de francs. La richesse lui tourne la tête. Laffitte veut aussi le pouvoir et fomente pas mal de complots. Cela pourrait se chanter ! Il soutient l'avènement de Louis-Philippe. Cela lui coûtera sa banque et le morcèlement du domaine de Maisons. Il fait alors raser les écuries et vend les matériaux de construction, pierres et boiseries, pour l'édification d'un ensemble de maisons de campagne, un peu dans le style futur des cités-jardins. Lots immobiliers, placements financiers, ce précurseur de la consommation met la propriété à la portée de tous, encourageant le but patriotique de l'épargne. En 1825, à Maisons, vous pouvez devenir propriétaire d'un terrain boisé, d'une petite maison avec jardin, payables à long terme.

## HISTOIRE
## LE PREMIER TIERCÉ

Pour agrémenter les placements immobiliers, Lafitte transforme les bords de Seine en champs de course. La première réunion hippique a lieu en 1828 avec un tiercé doté d'un prix de 800 F pour chaque épreuve. Courses de vitesse et de pur-sang se succèdent jusqu'à la mort du banquier en 1844. Maisons prendra alors le nom de Maisons-Laffitte. Le pari mutuel, autorisé en 1891, fera la richesse de l'exploitation de l'hippodrome. En 1905, l'Etat rachète le domaine de Maisons-Laffitte pour 30 490 euros. Le château est classé depuis 1967 par la Caisse Nationale des Monuments Historiques et des Sites. Vous pouvez le louer pour votre mariage et toute autre cérémonie pour une somme variant entre 305 euros environ pour le parc et 2 600 euros pour le rez-de-chaussée du château... pour la journée bien entendu.

## FAUNE ET FLORE
## ET LES CHEVAUX ?

La fameuse ligne droite de l'hippodrome, la plus longue et la plus connue au monde car elle dépasse 2 km, est à voir lors des courses de Maisons-Laffitte. Le pont de la 2e D.B. à Maisons-Laffitte constitue un observatoire peu onéreux. Des animations proposées par l'Office de tourisme de Maisons-Laffitte vous font découvrir le monde fermé des courses équestres : visite du centre d'entraînement, rencontres avec les lads-jockeys, commentaires des entraîneurs dans les meilleures écuries, visite du musée du cheval de course et ses collections sur le patrimoine des Courses... Un quinté gagnant pour cette randonnée autour de la ville du Cheval qui occupe près de mille cinq cents Mansoniens. Les tribunes peuvent accueillir trois mille cinq cents turfistes. Deux mille chevaux

PHOTO A.-M. M.

sont entraînés chaque jour sur les soixante kilomètres de pistes aménagées par la société des Steeple-Chase de France. Un festival du cheval a lieu à la fin du mois de mai. Les fans du cheval peuvent dire merci au comte d'Artois et au banquier Laffitte.

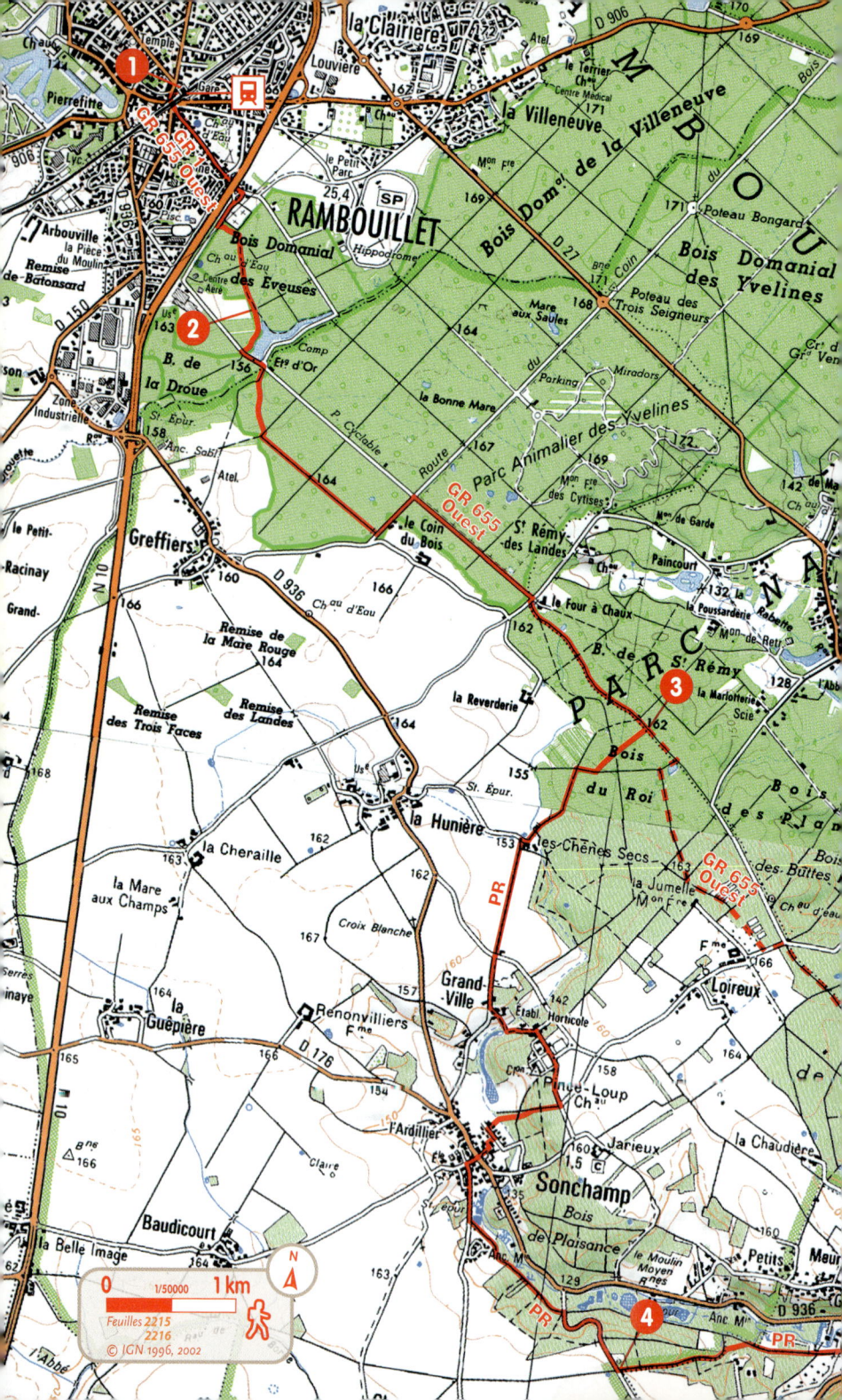

# De **Rambouillet** à **Dourdan**

**Une bonne journée de randonnée à la découverte de vastes forêts domaniales et de la vallée de la Rémarde.**

**1** Sortir de la gare de Rambouillet, descendre à gauche pour passer sous les voies ferrées et poursuivre tout droit sur 800 m. Passer sous la N 10, tourner à droite, contourner le cimetière par la droite, puis pénétrer dans la forêt de Rambouillet.

**2** Passer le long de l'étang d'Or et, à son extrémité sud-est, prendre le sentier à droite. Continuer par la route du Coin-du-Bois. Après 1 km, elle vire à gauche. Emprunter la route de l'Étang-d'Or à droite et poursuivre par le Vieux Chemin de Saint-Arnoult sur 1,4 km jusqu'à une intersection.

**> Variante plus courte** *(itinéraire de 20 km)* **: continuer tout droit par le GR® 655-ouest jusqu'à Saint-Arnoult** *(voir tracé en tirets sur la carte et PR 36 page 121).*

**3** Prendre le chemin à droite, croiser une allée, emprunter le chemin à droite, puis tourner à gauche et sortir de la forêt aux Chênes-Secs. Poursuivre par le chemin au sud, couper la route, puis descendre à gauche et franchir la Rémarde. Contourner par la gauche le domaine de Pinceloup *(école de cuisine et d'horticulture)* et entrer dans Sonchamp. Après l'église, traverser la D 936 et continuer par la rue des Vallées à gauche, en direction des Bordes. À la sortie de Sonchamp, bifurquer sur le sentier délimité par des grillages à gauche et passer dans le bois. Monter par la route à droite en direction de Ponthévrard et déboucher sur le plateau.

**4** Descendre par le chemin à gauche, poursuivre par le chemin de Gallardon, longer l'ancien moulin de la Villeneuve, puis emprunter la D 936 pour entrer dans Saint Arnoult-en-Yvelines. Continuer par une série de petites rues *(bien suivre le balisage)* et se diriger vers l'église.

ÉGLISE DE SAINT-ARNOULT / PHOTO G.T.

**S SITUATION**
Rambouillet, à 50 km au sud-ouest de Paris par les A 13 et N 10

**P PARKING**
gare de Rambouillet

**T TRANSPORT**
Départ : gare de Rambouillet (ligne de Paris-Montparnasse)
Arrivée : gare de Dourdan (RER C et TER Centre)

**B BALISAGE**
**1 à 3** > blanc-rouge
**3 à 5** > jaune (PR4)
**5 à 8** > blanc-rouge

**! DIFFICULTÉS !**
itinéraire linéaire (prévoir de récupérer son véhicule par le train)

## À DÉCOUVRIR...

**> En chemin :**
• forêt de Rambouillet (étang d'Or, parc animalier de l'ONF)
• vallée de la Rémarde
• Sonchamp : église XIe-XVe siècle, château Pince-Loup fin XIXe siècle
• Saint-Arnoult-en-Yvelines : église XIe-XVIe siècle (crypte), maisons anciennes, moulin de Villeneuve (musée Aragon)
forêt de Dourdan
• Dourdan : château XIIIe siècle, église XIVe-XVIe siècle, bords de l'Orge

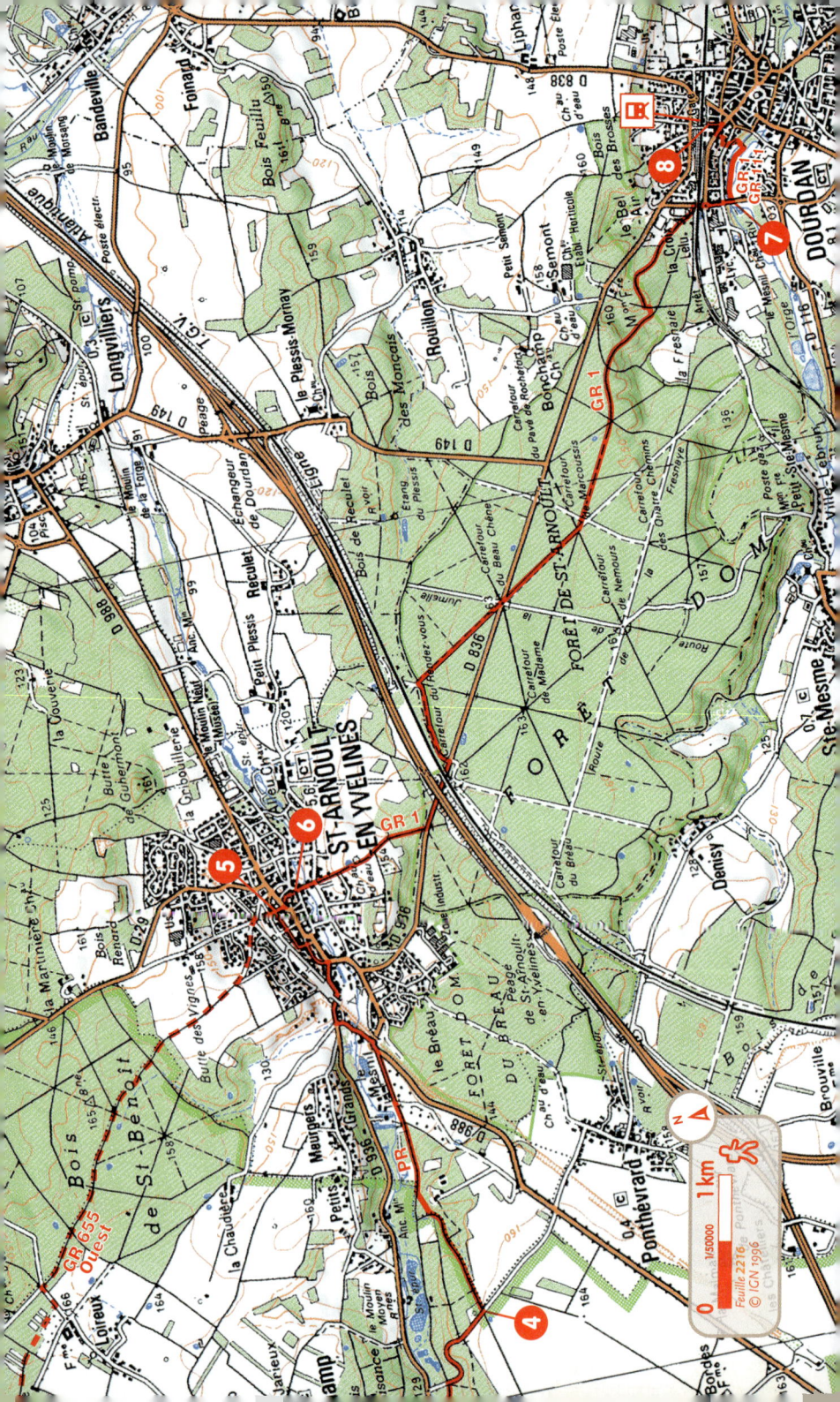

**5** Contourner l'église par la gauche par la ruelle Triquedame et déboucher dans la rue du Coq.

**6** Tourner à droite, continuer par la rue de l'Isle, franchir la Rémarde et gravir le sentier qui monte sur la butte aux Fournaux puis descend sur le versant sud. Emprunter la D 836 à gauche pour passer sous l'A 10 puis sous la voie ferrée. Prendre la route du nord à gauche puis, au carrefour de l'Aleu, la route de Marcoussis à droite. Au carrefour du même nom, obliquer légèrement à gauche sur la route de la Lieue-des-Soupirs, passer le carrefour du Grillon et poursuivre en face par la route des Soupirs jusqu'au carrefour des Buttes-Blanches. Dévaler le chemin à droite sur 300 m, virer à gauche puis à droite et quitter la forêt. Après le stade, passer sous le pont des voies ferrées puis en bordure de l'hôpital.

**7** Suivre à gauche les bords de l'Orge. Emprunter à gauche les ruelles de la Source et d'Alexandrie, la rue du Faubourg-de-Chartres à droite puis la rue Amédée-Guénée à gauche pour trouver la gare de Dourdan **8** .

## HISTOIRE
## SAINT ARNOULT, PATRON DES MARCHEURS

Saint-Arnoult en Yvelines charmant village au sud de la forêt de Rambouillet doit son nom à Arnoul né dans les Ardennes à la fin du Vᵉ siècle. Saint Rémi évêque de Reims se chargea de son éducation et, convaincu du destin brillant qui attendait son protégé, l'introduisit à la cour de Clovis roi des Francs. Homme de foi et de haut rang, il entreprit alors le pèlerinage vers les Lieux Saints. Envoyé par Clovis pour de nombreuses missions diplomatiques, il négocia en son nom avec les royaumes voisins fit de nombreux voyages à Rome, à Ravenne, à Constantinople et en Espagne. En plus de son état de prêtre, il fut aussi exorciste. Vaillant marcheur, Arnoul avait de « bonnes jambes » et l'on comprend qu'il soit invoqué dans le cas « des membres noués » et reconnu comme le patron des marcheurs. Il fut assassiné à Reims pour d'obscures raisons familiales. Alors qu'il devait être inhumé à Tours dont il fut un temps évêque, à mi-chemin, le convoi fut contraint de s'arrêter dans la forêt d'Yveline où il fut enterré et vénéré ; l'emplacement devint alors le village de Saint-Arnoult–en-Yvelines. A côté de l'église, passe le GR® 655 chemin de Saint-Jacques-de-Compostelle, un jalon jacquaire y a été implanté.

JALON JACQUAIRE / PHOTO G.T.

# Les **étangs** de la **Bièvre**

GRÈBE HUPPÉ /
DESSIN N.L.

Faire le tour de Satory n'a rien d'une corvée : c'est pénétrer le Versailles royal, longer la pièce d'eau des Suisses et se promener par les rives des nombreux étangs de la forêt domaniale de Versailles.

**S SITUATION**
Versailles, à 15 km au sud-ouest de Paris par N 118, A 86 et N 186

**P PARKING**
gare de Versailles-Chantiers

**T TRANSPORT**
gare de Versailles-Chantiers (RER C, lignes Paris-Montparnasse et de La Défense)

**B BALISAGE**
1 à 3 > blanc-rouge
3 à 4 > jaune (PR14)
4 à 1 > blanc-rouge

**①** De la gare de Versailles-Chantiers, descendre la rampe, emprunter à gauche la rue des Etats-Généraux ; aux premiers feux, tourner à gauche dans la rue de Noailles. Continuer par la rue Edouard-Charton jusqu'à la maison foretière au pied du plateau Saint-Martin. Grimper à gauche par un escalier. En haut, tourner à gauche et plus loin, à droite. Descendre jusqu'à la D 938. Passer sous le pont, tourner à droite et arriver à la maison forestière du Cerf-Volant.

**②** Traverser la D 938 et emprunter à droite la route des Fonds.

**③** Continuer tout droit vers l'ouest. Passer sous la N 286 et tourner à gauche. Couper la D 91 et longer de plus ou moins près la voie ferrée jusqu'à l'extrémité du bois de Satory. Aller jusqu'à la Porte du Bois-Robert.

**④** Tourner à gauche, traverser la N 286.

**⑤** Tourner à gauche, passer au-dessus de la voie rapide. Descendre vers le ravin des Bouviers.Longer les étangs du Moulin-à-Renard puis du Val-d'Or *(bien suivre le balisage)*. Traverser la D 91 par le tunnel pour piétons. Emprunter en face la route de la Porte de la Minière. Longer l'étang de la Geneste.

**⑥** Monter à gauche dans le bois de la Couronne. Après le carrefour dénommé porte de Sébaque, suivre la sente parallèle au chemin, puis tourner à gauche. Emprunter à droite la route de Sébaque.

**③** Prendre à droite la route des Fonds.

**②** Traverser la D 938 puis, par l'itinéraire utilisé à l'aller, regagner la gare.

## À DÉCOUVRIR...

> **En chemin :**
• Versailles : le château, les jardins, les Trianons.
• Versailles (la ville) : musée Lambinet, église Notre-Dame, rue de l'Indépendance-Américaine (XVIII\e siècle), cathédrale St-Louis (1754), dominant un quartier aéré par le Potager du Roy, carrés St-Louis, le théâtre Montansier, la maison de Madame Elisabeth

> **Dans la région :**
• Le Chesnay : arborétum de Chévreloup
• Saint-Cyr-l'Ecole : musée du collège militaire

# LE POTAGER DU ROY

POTAGER DU ROY, VERSAILLES / PHOTO A.-M. M.

« Dans ce sol ingrat, je ferai germer parterres et fontaines, de mes jardins on parlera jusqu'au bout du monde », affirme Louis XIV à Versailles. Il y a plus de trois cents ans, Jean Baptiste La Quintynie, jardinier du roi Soleil, créait le Potager royal à Versailles. Il faut visiter cet étonnant jardin, inchangé depuis le XVIIᵉ siècle. Estragon, corne de cerf, tripe-madame, oxalis, plantes fortes, plantes odoriférantes, légumes-fruits, sans oublier les fraisiers, les framboisiers et les groseilliers. Le long des murs ensoleillés poussent les fruitiers en espaliers. Pommes et poires sont alors cultivées pour la table du roi et les besoins de la cour. Louis XIV, dès le début de l'après-midi, se faisait porter en chaise par ses valets. Il commençait la visite du potager, avec le même plaisir intense que pour celle de son château. Quel luxe ! Le vitrage des serres chaudes était fabriqué en Hollande avec du verre de Murano. Le feu était continuellement entretenu pour maintenir la même température. Madame de Maintenon s'intéressait aux « petits pois ». « Quand va-t-on bientôt en manger ? De quelle façon les accommoder pour un souper qui durera jusqu'au milieu de la nuit ? (…) ». Malheureusement, Louis XV puis Marie-Antoinette se désintéressèrent de ce lieu exquis. Pour la petite histoire, la famille des jardiniers Le Normand continuera à entretenir le potager du Roy durant trois générations, puis les Lelieur sous le Premier Empire. L'Ecole d'Horticulture est enfin créée en 1874 et le tout voisin parc Balbi agrandit le potager en 1907. L'Ecole nationale de Paysage de Versailles s'installe enfin dans les lieux en 1975. Le cadre est resté presque inchangé depuis le XVIIᵉ siècle. La visite du Potager du Roy, environné par les monuments sompteux de Versailles, traverse les siècles. Melons, salades ou concombres semblent encore destinés à la garniture de la table royale ou pour quelque nature morte d'un tableau sompteux. Alors quel plaisir de croquer la pomme !

**Potager du Roy** : 6, rue Hardy à Versailles, tél : 01 39 24 62 62 ; www.potager-du-roi.fr. Visites guidées. *Ventes de fruits et légumes du potager du Roy certains jours.*

# LE BESTIAIRE FANTASTIQUE DE VERSAILLES

BASSIN DE NEPTUNE (DÉTAIL) / PHOTO A.-M. M

Si un jour vous osez dire que le parc de Versailles est trop classique, c'est que vous n'avez jamais observé les animaux fabuleux de ses jardins. Laissez-vous conduire de bassins en fontaines, par les jets d'eau qui sortent de leurs gueules. Admirez les tritons, serpents, salamandres, dragons, homards, dauphins et cachalots du bassin de Neptune. Pattes, pinces, griffes, écailles, crêtes et canines de pierre sont dûes, pour la plupart, au talent des sculpteurs Bouchardon, Adam et Lemoyne. Ne vous approchez pas trop des énormes vases de marbre et de bronze : des crustacés étranges, des reptiles inconnus rampent sur leurs anses. En remontant l'allée d'Eau par le bassin du Dragon, les frères Marsy, artistes bronziers, ont fixé les volutes de ces êtres aquatiques irréels qui fouettent l'eau de leurs queues tordues. Devant les 570 m de l'alignement depuis le château de Versailles, l'escalier royal descend vers le bassin de Latone. Là vous attendent les hommes-lézards. Sans doute,

la mythologie des « Métamorphoses » d'Ovide inspira-t-elle les renommés Marsy. Jupiter venge les enfants de la mère d'Apollon des injures subies par les paysans de Lycie. Il les transforme en crapauds et lézards. Torses puissants, mains implorantes et palmées, la supplique se tourne toujours vers le château du Roi-Soleil. Combats d'animaux encore, autour des fontaines du Point du Jour et du Soir qui environnent les parterres d'eau, sur la terrasse située au pied même du château. Les affrontements des lions, ours, renards et sangliers sont ciselés par Jacques Houzeau et Corneille Van Clève. Au loin, les fougueuses cavales du char d'Apollon, dans la perspective du Grand Canal, semblent jaillir de l'eau, grâce au ciseau de Tuby. La plupart de ces sculptures faisaient partie de la « Grande Commande » du Roy de 1674, dont l'exécution, dirigée par Charles Le Brun, dura une vingtaine d'années. Une balade photographique à faire à Versailles en toutes saisons ; où même les enfants ne s'y ennuieront pas.

BASSIN DU DRAGON / PHOTO A.-M. M.

# Forêt de Rambouillet

**PR** 35

**MOYEN**

**3H • 12KM**

La forêt de Rambouillet garde tous les attraits d'une forêt sauvage. Les étangs de Hollande sont environnés de sous-bois où domine le chêne. Muguet, fraisiers et champignons vous attendent à la saison.

**1** Emprunter la route du Roi en direction du sud-est.

**2** Au carrefour du Four-Guérin, poursuivre tout droit. Dépasser le carrefour de la Butte-à-l'Oison.

**3** À l'étang du Roi, tourner à droite, passer au carrefour du Roi-de-Rome, s'engager en face dans la route de la Mouche, prendre à gauche un chemin qui descend. Emprunter à gauche la D 107 et monter à droite dans les rochers d'Angennes. Redescendre à droite par un chemin sinueux.

**4** Au carrefour des Rabières, emprunter la route des Rabières en direction du sud-ouest sur 1,2 km.

FORÊT DE RAMBOUILLET / PHOTO J. -P. J.

**5** Prendre à droite le chemin qui franchit le pont de la Licorne. Traverser la D 107 et monter au carrefour de la Licorne.

**6** Suivre le sentier qui s'infléchit à droite et, au poteau du Petit-Etang-Neuf, tourner franchement à droite pour longer l'étang à main droite. Poursuivre par un chemin qui décrit un demi-cercle en direction du nord-ouest. Traverser les carrefours d'Angennes, d'Epernon et aux Biches

**7** Au carrefour du Gros-Buisson, tourner à droite dans le chemin de Maintenon *(ancienne voie romaine)*, couper plusieurs allées et regagner le poteau de Pecqueuse.

---

**S** SITUATION
Saint-Léger-en-Yvelines, à 60 km de Paris par A 13, A 12, N 10, D 61
Saint-Léger-en-Yvelines, à 60 km de Paris par A 13, A 12, N 10, D 61

**P** PARKING
du poteau de Pecqueuse (4 km au sud-ouest de Saint-Léger-en-Yvelines)

**B** BALISAGE
**1 à 2** > jaune (PR1)
**2 à 4** > blanc-rouge
**4 à 1** > jaune (PR1)

---

## À DÉCOUVRIR...

> **En chemin :**
• Les rochers d'Angennes
• Poigny-la-Forêt : le vieux village (maisons rustiques), l'église Saint-Pierre (clocher carré du XVIe siècle et porte latérale du XIIe siècleaux armes de la famille d'Angennes)

> **Dans la région :**
• Rambouillet : château et parc, Laiterie de Marie Antoinette et chaumière aux coquillages, Bergerie nationale et musée du Mouton, Espace Rambouillet et musée Rambolitrain

## FAUNE ET FLORE
# LA BERGERIE NATIONALE

BERGERIE NATIONALE DE RAMBOUILLET / PHOTO G.T.

Trois sites champêtres déroutent souvent le visiteur du domaine de Rambouillet lors d'une balade dans le parc du château. De réalisation différente, ils suggèrent l'évolution vers la nature au XVIIIᵉ siècle. La « Laiterie de la reine » Marie-Antoinette est un monument conçu par Hubert Robert, dont l'intérêt classique reste architectural. La « Ferme nationale » est une ferme expérimentale qui remonte également à Louis XVI. Vaches italiennes, chevaux égyptiens, baudets toscans, mais surtout moutons mérinos espagnols furent les premiers sujets étudiés ici au XVIIIᵉ siècle. C'est le 16 juin 1786 que partit d'Espagne un troupeau de trois-cent dix-huit brebis et de quarante-et-un béliers. Devant le succès de l'élevage de ces mérinos, Napoléon Ier fit construire la « Bergerie nationale ». « *Curat oves oviumque magistros* », (« L'école prend soin des moutons et de leur maître »), est-il écrit sur le porche de l'entrée. L'École natio-

nale d'aviculture s'est ajoutée à la Bergerie en 1977. La race du mouton mérinos de Rambouillet est unique en France. Ce mouton, pour la laine, a une tête courte, un profil busqué et des plis autour du cou que l'on dénomme « cravates » ou « tabliers ». Veaux, vaches, cochons, couvées, chevaux et buffles : mille hectares pour plus de mille animaux domestiques vivent en paix à la Bergerie nationale de Rambouillet autour du roi Mérinos. Avec en plus, le Centre de recherches et d'expériences en zootechnie et des animations sur le thème de la ferme pédagogique. Les enfants assistent à la tonte des moutons, à la traite des vaches et au dressage de chiens de bergers. Des ateliers d'artisanat et de poterie complètent ce contact très vivant.

**Bergerie Nationale**, parc du Château 78120 Rambouillet. Visites individuelles l'après-midi. Animations personnalisées sur « certains animaux venus d'ailleurs », avec vente de produits. Prenez rendez-vous avec l'alpaga ou l'auroch, cela vaut mieux.
Musée du Mouton, tél : 01 61 08 68 00.

## PATRIMOINE
# LA CHAUMIÈRE AUX COQUILLAGES

C'est la princesse de Lamballe qui inspira ce petit chef-d'œuvre, juste avant la Révolution française. Tout écolier sait hélas, que la tête de la belle princesse finit au bout d'une pique... N'y pensez pas en pénétrant dans cette chaumière rustique de style breton dont l'intérieur, en contraste, est merveilleusement orné de coquillages. Une véritable « folie » du XVIIIᵉ siècle dont les murs et quatre niches sont entièrement recouverts de brisures de nacre. Moules, coques, bénitiers de Saint-Pierre forment un damier de couleurs, constrasté et rutilant. La chaumière aux coquillages a été restaurée en 1949, après avoir été vandalisée par l'armée prussienne de Blücher sous Napoléon Ier.

PHOTO A.-M. M.

## FAUNE ET FLORE
# « ACCUEILLIR SANS ATTIRER »

CHEVREUIL / PHOTO E. D.

Cela pourrait être le slogan de l'Office national des Forêts à Rambouillet. Cette action de communication, entre la gestion ONF et un milieu forestier très fréquenté par les citadins, existe depuis 1964. Témoins, ces parkings paysagers pour les voitures où le centre, cultivé, a été protégé pour présenter le développement de la flore. Témoins encore, ces panneaux avec des dessins d'enfants et des cartes explicatives sur la faune et la flore. Témoins aussi, ces constructions de bois pour les jeunes où toboggans et balançoires se confondent dans les sables et les rochers. Vingt mille hectares de forêts dont treize mille hectares domaniaux. Plus de deux millions de visiteurs par an. Et la forêt de Rambouillet reste intacte. Vestige de l'ancienne forêt des Carnutes qui couvrait la Beauce au début de notre ère, ses premiers gestionnaires furent les moines dont ceux des Vaux-de-Cernay. Randonneurs, pratiquants du vélo et du cheval s'y côtoient allègrement. Des panneaux indiquent les périodes de chasse-à-courre en saison. Les gardes forestiers suveillent fièrement les sentiers du haut de leur monture équestre. L'Espace Rambouillet présente avec intérêt plus de deux-cent cinquante animaux de la grande faune des forêts de l'Ile-de-France (cerfs, chevreuils, daims, sangliers) sur un terrain boisé de deux-cent cinquante hectares.

**Espace Rambouillet**. route de Clairefontaine, 78120 Rambouillet, tél. 01 34 83 05 00.

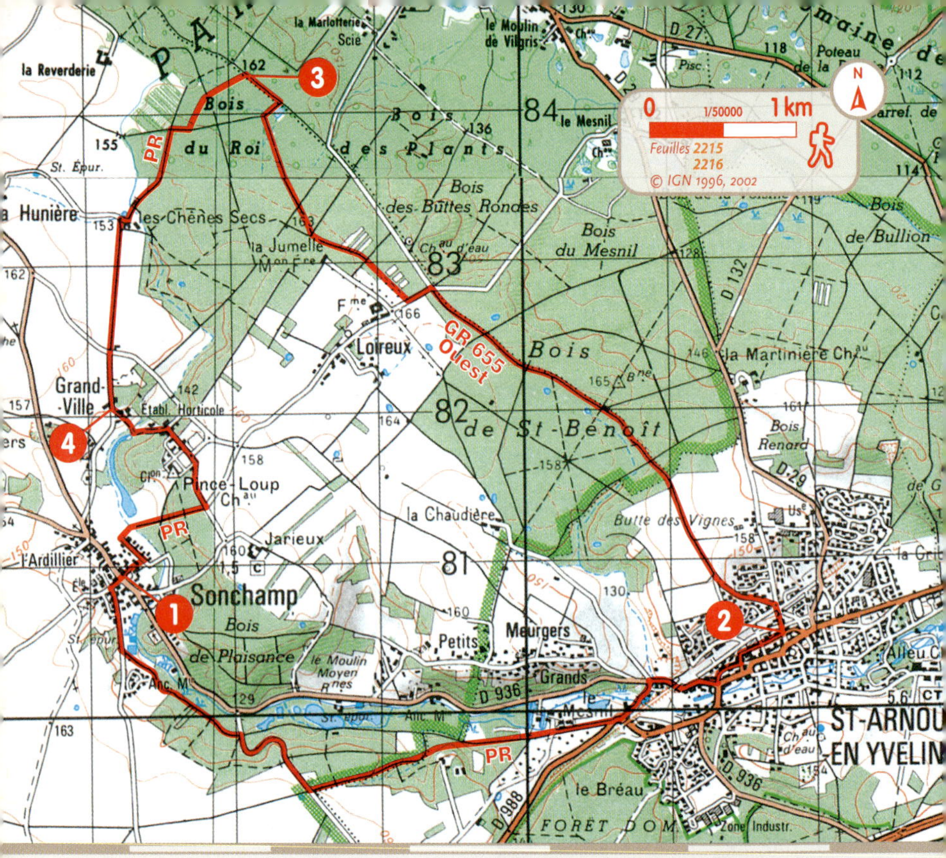

[Map image with route markers and labels]

# ENVIRONNEMENT

## LA RÉMARDE SECRÈTE

Le patrimoine rural de la Rémarde à Sonchamp ne manque pas d'intérêt. Sur les rives de l'étang communal, les toits d'un petit lavoir restauré en 1950 se reflètent dans les eaux transparentes de la rivière. Non loin, des bornes gravées se cachent dans le talus herbeux. L'une d'elles est marquée « Pinceloup », délimitant ainsi le domaine de chasse du château. À l'est de Sonchamp et vers le parc de l'école d'horticulture, deux glacières en briques évoquent les années trente où l'on y conservait encore de la neige pour les beaux jours. Enfin, le circuit traverse l'ancienne ville fortifiée de Saint-Arnoult-en-Yvelines (vestiges derrière l'église) dont le riche passé se retrouve sur les façades Renaissance de certaines vieilles maisons.

SONCHAMP / PHOTO A.-M. M.

# Circuit de Sonchamp

**Pour faire cette randonnée très francilienne, prenez une église à Sonchamp, un château à Pinceloup, des maisons anciennes à Saint-Arnoult puis ajoutez quelques lavoirs et une jolie rivière, la Rémarde.**

**1** De la place de l'église, traverser la D 936 et emprunter à gauche sud) la rue des Vallées en direction des Bordes.À la sortie de Sonchamp, prendre à gauche un sentier délimité par des grillages. Plus loin, emprunter une route vers Ponthévrard, montant sur le plateau. Redescendre dans la vallée de la Rémarde en suivant des chemins boisés. Traverser Saint-Arnoult.

**2** Après un pont sur l'ancienne voie ferrée, le circuit monte à gauche par le chemin sablonneux des Ruelles de Rambouillet sur la butte des Vignes. Traverser successivement le bois de Saint-Benoît , puis le bois des Buttes Rondes, en laissant la ferme de Loireux sur la gauche. 500 m après le carrefour, tourner à gauche jusqu'à une maison forestière. Laisser le chemin de droite, prendre le second (nord-ouest) jusqu'à la mare de la Fosse-aux-Loups. La contourner puis emprunter à gauche le chemin de Saint-Arnoult.

**3** Tourner à gauche (sud-ouest) pour traverser le bois du Roi. Le circuit sort ensuite de la forêt pour se diriger vers les Chênes-Secs, Grand-Ville.

**4** Tourner à gauche, franchir une passerelle et passer devant le château de Pince-Loup.

Tourner à droite pour traverser un bois puis rejoindre Sonchamp.

SANGLIER / DESSIN N.L.

---

**S SITUATION**
Sonchamp, à 54 km au sud-ouest de Paris par A 6, A 10, D 988, D 936

**P PARKING**
de la place de l'église de Sonchamp

**B BALISAGE**
**1 à 2** > jaune (PR4)
**2 à 4** > blanc-rouge
**4 à 1** > jaune (PR4)

**! DIFFICULTÉS !**
chemins boueux par temps pluvieux

---

## À DÉCOUVRIR...

**> En chemin :**
• Sonchamp : château de Pinceloup (fin XIXe siècle, début XXe siècle), abritant l'école d'horticulture (Le Nôtre), église Saint-Georges (XIe, XIIIe et XIVe siècle).
• St-Arnoult-en-Yvelines : moulin de Villeneuve (fondation Elsa Triolet et Louis Aragon). Eglise du XIIe-XVIe siècle, musée des Art et traditions populaires

**> Dans la région :**
• Clairefontaine : parc animalier

## LES SEIGNEURS DE CHEVREUSE

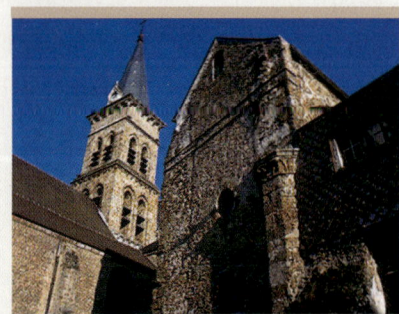

ÉGLISE DE CHEVREUSE / PHOTO CH.M.

C'est Thibault File-Etoupe qui construit une première place forte médiévale à l'emplacement actuel du château de la Madeleine. Mais le roi de France apprécie peu ces turbulents seigneurs de Chevreuse qui contrôlent la route commerciale de Chartres à Paris. Il faut attendre le XIIe siècle pour voir le seigneur Milon III faire allégeance. En 1356, prisonnier à Poitiers, Ingerger le Grand vend la place forte pour payer sa rançon. Pierre de Chevreuse transforme alors le château qui passe de main en main : de la favorite de François Ier au cardinal de Lorraine et au duc de Luynes. Démantelé à la Révolution, racheté par le département des Yvelines et restauré en 1989, le château abrite désormais la maison du Parc naturel régional de la Haute-Vallée de Chevreuse.

# Circuit de la Madeleine

L'une des randonnées les plus intéressantes à faire dans les environs de Paris. Le château médiéval de la Madeleine dresse ses remparts sur la vallée de l'Yvette et ses nombreuses forêts.

**1** De la place de l'église, aller jusqu'à la rue de Versailles. Atteindre 400 m plus loin, la place Simone-Weil.

**2** S'engager à droite dans le bois de Chevreuse et, après une rude montée, gagner le carrefour de la Madeleine. Traverser la route et continuer tout droit jusqu'au carrefour du Roi de Rome.

**3** Tourner à droite, puis encore à droite dans un chemin traversant le secteur sud de la forêt départementale de la Madeleine.

**4** Au carrefour de Milon, emprunter vers l'est une allée forestière qui tourne ensuite à droite (sud) dans la forêt du Claireau.

**5** Continuer tout droit et passer près de la ferme du Claireau. Traverser la route en direction de la butte des Vignes. Tourner à droite, rejoindre la route du Claireau qui mène au château de la Madeleine.

**6** Descendre par un sentier en lacets *(belle vue sur la ville)* qui mène place des Halles. Prendre à droite une rue qui longe l'église et aboutit place de l'Eglise.

LE CHÂTEAU DE LA MADELEINE / PHOTO J.-P. J.

## S SITUATION
Chevreuse, à 30 km au sud-ouest de Paris par D 938 et D 906

## P PARKING
place de l'église de Chevreuse

## B BALISAGE
1 à 3 > jaune (PR15)
3 à 4 > bleu-blanc
4 à 6 > jaune (PR15)
6 à 1 > blanc-rouge

## À DÉCOUVRIR...

> **En chemin :**
• Chevreuse : château de la Madeleine (XIe siècle), prieuré Saint-Saturnin, église Saint-Martin (XIIIe siècle), mairie, place du Marché-au-Blé, place des Halles, dans la rue Lalande : le cabaret du Lys (où Racine venait se distraire en 1661), le vieux lavoir et les petits ponts sur l'Yvette, le rempart de la ville

> **Dans la région :**
• Dampierre : château du XVIIe siècle construit sur les plans de Jules Hardouin-Mansart
• Choisel : château de Breteuil (XVIIe siècle)

The map (with numbered markers and place names):

Romainville · le Four à Chaux · Vge · la Mare Cressay · -LES-HAMEAU

la Gravelle · la Croix Rouge · 166 · l'Orme au Berger · 169

6 · la Lorraterie

ambert · 7 · Beauregard · la Culotte · les Carrières · 8 · Bois de la Haute Tasse

le Moulin de Fauveau · Vert Cœur · la Ravine

Bois de Trou Hibou · le Rhodon · le Bois de la Vigne · les B

Prieuré St-Benoît · le Moulin Tournay · Milon-la-Chapelle · 1

la Caboulerie · Chât. · les Champs du Haut

Forêt Départementale de la Madeleine · 2 · P

Carref. du Roi de Rome · 5 · Carrefour de Milon · 4 · 3 · FORÊT

Club de tir · Plaine de la Madeleine · DOMANIAL

Carref. de la Madeleine · Poney-club · la Mare aux Loups

Bois de la Roche Couloir · le Clos des Peupliers · DU CLAIREA

0 · 1/25000 · 500 m · Feuille 2215 OT · © IGN 2002

---

## CÉLÉBRITÉ
## RACINE À CHEVREUSE

DON DU TOURING-CLUB
IV LE HAMEAU DE MILON
LE CHEMIN
DE JEAN RACINE
← DE PORT-ROYAL
A CHEVREUSE →
C'EST LA QU'ON ENTEND LE MURMURE
DE CES AGRÉABLES RUISSEAUX.
JEAN RACINE 1656

PHOTO A.-M. M.

En 1655, Jean Racine est envoyé à Chevreuse. Sa grand-mère et sa tante se sont retirées à l'abbaye janséniste de Port-Royal-des-Champs. Lever à cinq heures, prières et leçons remplissent sa journée. On raconte même qu'il puise auprès des estaminets du village, l'inspiration pour ses premières odes poétiques... Sans doute recherche-t-il plus de quiétude en marchant dans la forêt pour rendre visite à ses austères parentes. Les anciennes bornes du Touring-Club de France lui rendent hommage, le long des chemins qu'il parcourait. Un véritable jeu de piste pour y lire les extraits de ses sept poèmes :

*« Là l'on voit la biche légère,*
*Loin du sanguinaire aboyeur,*
*Fouler, sans crainte et sans frayeur*
*Le tendre émail de la fougère ».*

# Circuit de Milon-la-Chapelle

LA CHOUETTE HULOTTE / DESSIN N.L.

Un véritable paysage champêtre où les saules bordent les rivières et où les vaches paissent dans les prés des maisons secondaires. La flore sylvestre vous attend dans le vallon du Rhodon.

**1** Traverser le village de Milon-la-Chapelle puis, en direction du sud, couper la D 46.
Monter par une petite route dans le bois.

**2** S'engager sur le chemin à gauche, dans la forêt domaniale du Claireau. Au croisement, gravir le sentier en face et déboucher sur le plateau boisé.

**3** Prendre le chemin à droite, en bordure du plateau, puis le chemin à gauche . Il conduit au carrefour de Milon.

**4** Suivre, en face, l'allée forestière. Elle traverse la forêt départementale de la Madeleine.

**5** Au carrefour du Roi de Rome, suivre à droite le chemin Jean Racine qui descend dans le vallon du Rhodon et traverse la D 46. Plus loin, franchir le Rhodon et tourner à gauche pour gagner le moulin de Fauveau. Continuer tout droit.

**6** Aux premières maisons du hameau La Lorioterie, monter à droite par un sentier.

**7** Passer au domaine de Beauregard et, plus loin, traverser la route de Milon-la-Chapelle.

> En période humide, on peut descendre à droite par la route jusqu'au village.

Le circuit se poursuit en face par le sentier qui longe une clôture et pénètre sous bois.

**8** À l'intersection, prendre à droite le sentier qui traverse le bois de la Vigne et descend à Milon-la-Chapelle.

---

**S** SITUATION
Milon-la-Chapelle, à 35 km au sud-ouest de Paris par N 118, D 906, D 46

**P** PARKING
à Milon-la-Chapelle

**B** BALISAGE
1 à 3 > jaune (PR16)
3 à 4 > jaune (PR15)
4 à 5 > bleu-blanc
5 à 6 > jaune (PR15)
6 à 1 > jaune (PR16)

**!** DIFFICULTÉS !
chemins boueux par temps pluvieux

---

## À DÉCOUVRIR...

> **En chemin :**
• Milon-la-Chapelle, le château (XVIIIe siècle) de Vert-Cœur (fondation Anne-de-Gaulle)

> **Dans la région :**
• Magny-les-Hameaux : musée national des granges de Port-Royal. Domaine et ruines de l'abbaye de Port-Royal-des-Champs, fondée en 1204 par la puissante famille des Arnaud

# Découvrir, **L'Essonne**

De gauche à droite : Pecqueuse, près de Boullay-les-Troux / photo Y.E. ; Milly-la-Forêt / photo J.-P. J ; Château de Courson / photo P.H. ; Lavoir de Méréville / photo J.-P. J.

Exona, déesse gauloise des rivières, est à l'origine de l'Essonne, ce département où les cours d'eau et les marais déterminent près de 2 000 km² au sud de Paris. Près d'un million d'habitants vivent dans ce terroir de l'Ile-de-France, limité au sud par les cultures maraîchères jusqu'à la Beauce et au nord par les cités résidentielles faciles à atteindre par le RER. Les grandes villes s'appellent Evry, Arpajon, Palaiseau, Ris-Orangis, Étampes, Melun-Sénart, Dourdan et Milly-la-Forêt. Au milieu d'un urbanisme de qualité, on peut se perdre en visitant les aimables châteaux du Marais, de Courances et de Courson ou se dépayser auprès des « folies » de Méréville et de Jeurre. L'époque féodale est illustrée par le donjon de Montlhéry, la tour Guinette quadrilobée d'Étampes et le château-fort de Dourdan. Sous le signe de l'eau, une partie de la Seine, la Bièvre, l'Orge, l'Yerres, l'Essonne, la Chalouette, la Rémarde et la Juine font un environnement naturel où se retrouvent roselières, fleurs des marais et oiseaux migrateurs. De l'eau encore avec les anciens moulins de la Rémarde et les lavoirs comme à Courances et à Saint-Maurice-Montcouronne. Un vieux dicton de l'Etampois ne témoigne-t-il pas de cette eau omniprésente, ne serait-ce que pour alimenter les cressonnières, lorsque « les grenouilles coassent longtemps et les bergeronnettes sautillent le long des fossés ? » Vers l'est et Milly-la-Forêt, le décor se diversifie avec les premiers grès du massif de Fontainebleau. Enfin, les pélerins de Compostelle depuis Paris, avaient choisi le tracé passant par l'Essonne et Étampes, via la N 20. « *Ultreïa !* » les randonneurs...

Ci-contre : Dourdan / photo P. H.

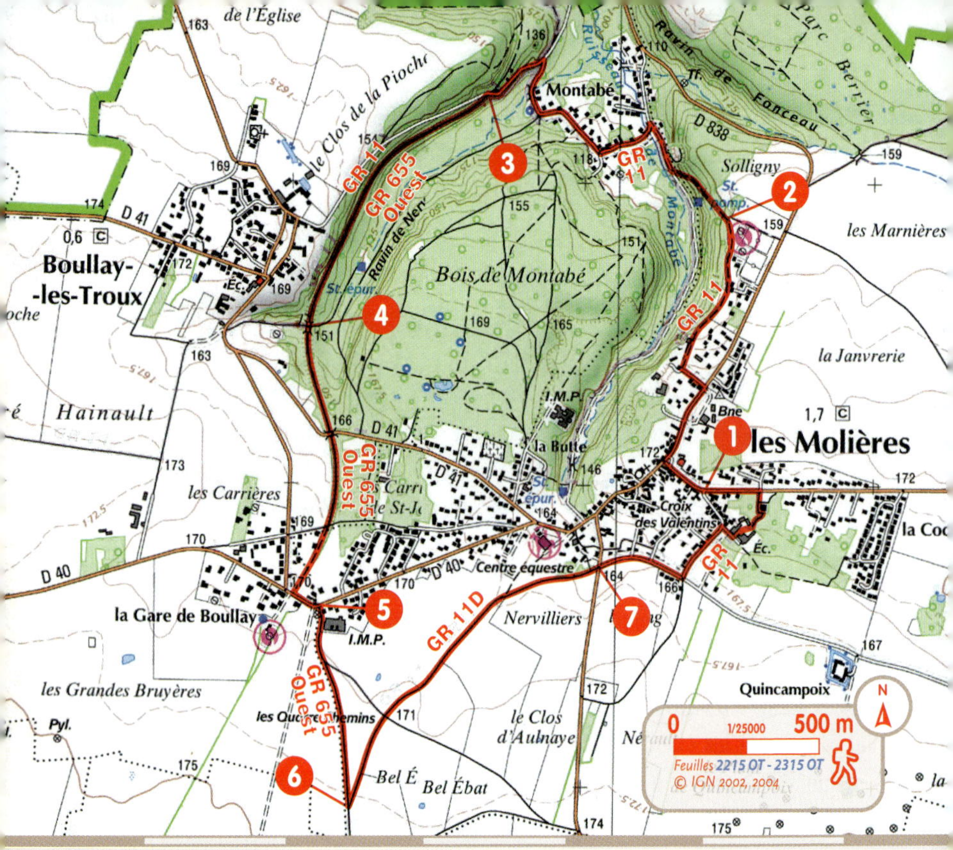

## HISTOIRE

## TOUT LE MONDE DESCEND

Le hameau de Boullay-les-Troux possède une gare pas comme les autres. Environnée de champs, cette station a fonctionné de 1890 à 1940 sur l'ancienne ligne de Sceaux. Le dimanche, pendant la belle saison, les peintres et les grisettes, les amoureux et les artistes, profitaient de cette halte en pleine campagne pour se rendre aux proches étangs des Vaux-de-Cernay. « Des pataches, des tapissières, des chars à bancs, des omnibus à chevaux attendaient derrière la gare », décrit M.-P. Boyé en 1939 dans Chevreuse et ses environs. Le GR® 11 emprunte maintenant cette ancienne voie désaffectée et étroite qui retentit encore des rires des belles filles pénétrant dans le vallon de Montabé. Peut-être y trouverez-vous les dernières fleurs des prés ?

BOULLAY-LES-TROUX / PHOTO Y. E.

# Circuit des Molières

Les Molières, un village resté rural, en bordure du ravin charmant de Montabé et de la plate-forme de l'ancien tortillard.

**1** Sortir du parking, prendre la rue à gauche puis, au carrefour, la D 838 à droite sur 350 m. Emprunter la rue à gauche, puis tourner à droite.

**2** Pénétrer à gauche dans le bois. Par une descente raide, rejoindre le hameau de Montabé ; le traverser, franchir un petit ruisseau et grimper pour atteindre une route, la suivre à gauche.

CHÂTAIGNIER / DESSIN N.L.

**3** Emprunter à gauche la plate-forme de l'ancienne voie ferrée.

**4** Au milieu du parcours, laisser à droite le GR® 11 et continuer tout droit jusqu'à l'ancienne gare de Boullay-les-Troux.

**5** S'engager en face sur le chemin légèrement à gauche, puis bifurquer sur le chemin à droite (sud) et continuer sur 400 m.

**6** Prendre le chemin à gauche à angle aigu, croiser un chemin, couper la D 838 et entrer dans le village.

**7** Emprunter la troisième rue à gauche et, au bout, la rue à droite. Partir à gauche, traverser le bosquet, puis suivre la D 40 à gauche pour retrouver le parking.

LORIOT D'EUROPE / DESSIN P.R.

## SITUATION
Les Molières, à 38 km au sud-ouest de Paris par A 6, A 10, N 118, D 35, D 40

## PARKING
de la salle polyvalente du Paradou aux Molières

## BALISAGE
blanc-rouge

## À DÉCOUVRIR...

> **En chemin :**
• Les Molières : église (XIe siècle)
• Boullay-les-Troux : église (XVIIe siècle) ; cimetière enclos

> **Dans la région :**
• Breteuil : château

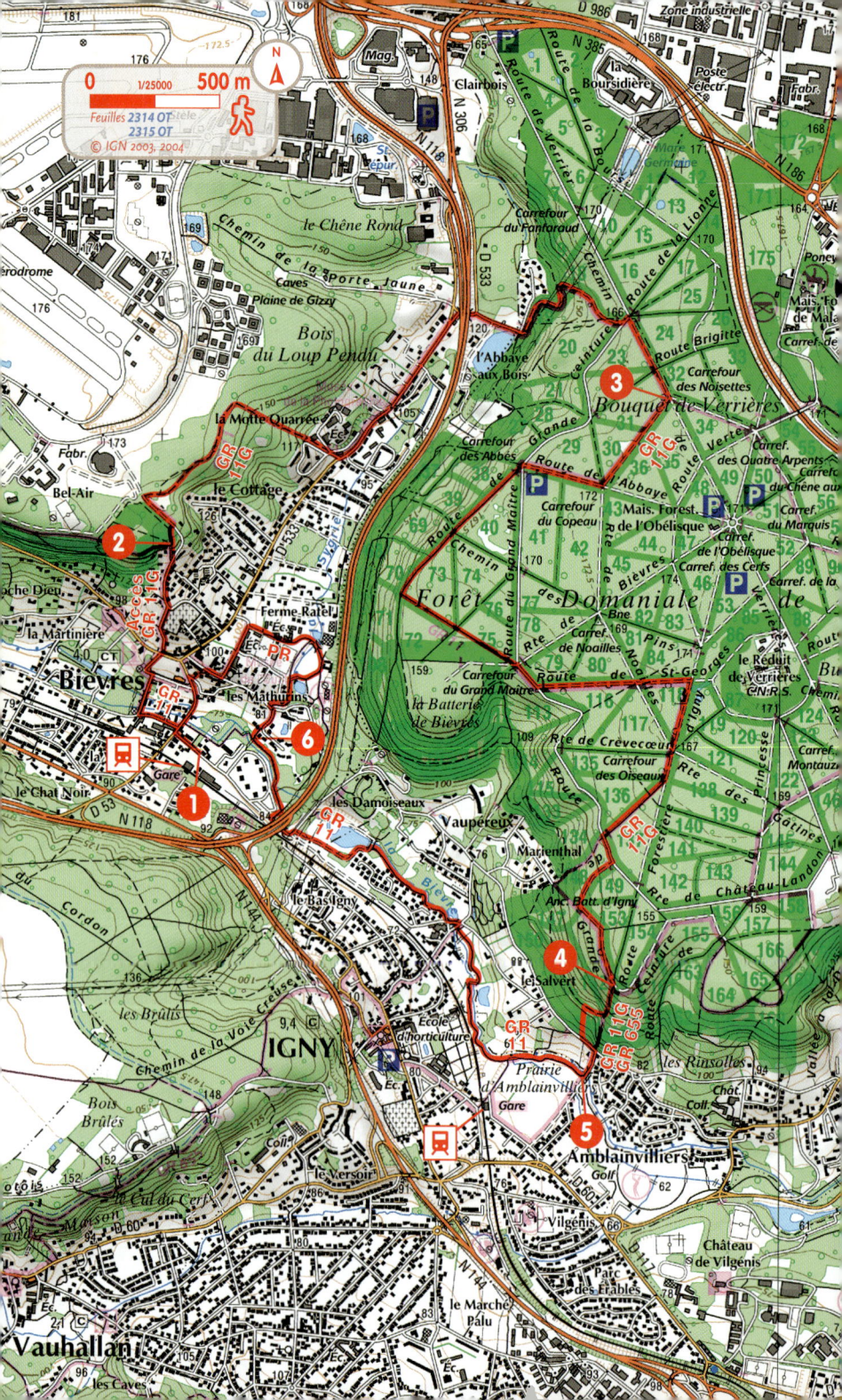

# Circuit de Bièvres

**Bièvres est un village connu pour son musée de la photographie, mais aussi pour les souvenirs littéraires de Victor Hugo.**

**1** Emprunter à gauche l'avenue de la Gare. Traverser la rue du Petit-Bièvres. Tourner à droite dans la rue des Ponts, puis à gauche rue de la Terrasse. Traverser la rue Léon-Mignotte. Longer le cimetière.

**2** Tourner à droite. Contourner l'ancien séminaire du Bel-Air en longeant la clôture, suivre une route empierrée sur 150 m, tourner franchement à droite. Pénétrer dans le bois du Loup-Pendu. Suivre le chemin Chalette. Longer un groupe d'immeubles, puis emprunter à gauche la rue de Paris. Passer devant le musée français de la Photographie, puis sous la N 118. Tourner à gauche sous les lignes à haute tension. Monter un chemin en lacets. Suivre la route de la Sygrie jusqu'au carrefour du Chevreuil. Emprunter à droite une route forestière.

**3** Au carrefour des Noisettes, s'engager à droite dans la route de Noailles. Au carrefour du Copeau, prendre à droite la route de l'Abbaye-aux-Bois. Au carrefour des Abbés, obliquer à gauche. Au carrefour du Grand-Maître, suivre à droite la route de la Grande-Ceinture sur 100 m. Juste après le carrefour des Oiseaux, obliquer à gauche dans la route de Saint-Georges. Suivre à droite la route forestière du Plessis-Robinson sur 500 m. Obliquer à droite dans un chemin. Traverser une route. Tourner à gauche, à droite et à gauche. Continuer sur 300 m.

**4** Tourner à droite. Franchir la Bièvre.

**5** Prendre à droite le long de la Bièvre, couper la rue du Moulin, passer sous le pont de la N 118 et obliquer à droite.

**6** Après le groupe d'immeubles, tourner à droite, contourner le stade, puis s'engager à gauche dans l'allée des Castors. Prendre à gauche la rue des Ecoles et à droite la rue de l'Eglise. Passer devant l'église, tourner à droite. Au carrefour, obliquer à gauche dans la rue du Petit-Bièvres, puis à gauche dans l'avenue de la Gare qui conduit à la gare de Bièvres.

CHEVAINE / DESSIN P.R.

**S SITUATION**
Bièvres, à 12 km au sud-ouest de Paris par D 906, D 533

**P PARKING**
de la gare de Bièvres

**T TRANSPORT**
gare de Bièvres (RER C, ligne Massy-Palaiseau à Versailles-Chantiers)

**B BALISAGE**
1 à 6 > blanc-rouge
6 à 1 > jaune

## À DÉCOUVRIR...

> **En chemin :**
• Bièvres : musée français de la Photographie ; château du Petit-Bièvres ; château de la Martinière
• Igny : église Saint-Pierre (XIIIe siècle)

> **Dans la région :**
• Bièvres : château des Roches où résida Victor Hugo ; château de Montéclain ; moulin de Vauboyen
• Verrières-le-Buisson : arboretum Villemorin
• Jouy-en-Josas : musée de la toile

## HISTOIRE
# CLIC-CLAC LA BIÈVRE

RANDONNEUSE AU DÉBUT DU SIÈCLE
(CLICHÉ SUR PLAQUE DE VERRE) / PHOTO A.-M. M.

Le randonneur est un photographe qui ignore son histoire. En 1858, Félix Tournachou dit « Nadar », le père de la photographie aérienne, avait pris son premier cliché aérien en ballon sur la Bièvre. Forte de cet exemple, une équipe dynamique a créé en 1964 à Bièvres le musée de la photographie. Ces collections racontent l'histoire de la photographie de 1816 à nos jours : Nicéphore Niepce et l' héliogravure, inventée par son neveu Abel Niepce, Daguerre et les lourdes plaques métalliques du daguerréotype, l'appareil stéréo en laiton de Berth, ceux de Disderi le photographe de Napoléon III et une superbe bibliothèque sont parmi les éléments essentiels de l'histoire de la photo, sans compter le charme des photos anciennes présentées au musée. Quel chemin avant d'aboutir à l'autofocus ! *Foire à la photo, chaque année en juin.*

## FAUNE ET FLORE
# LA VALLÉE DES CASTORS

Le tracé du GR® 11 , en vallée de la Bièvre, reste verdoyant aux limites de l'urbanisation parisienne. Serge Antoine, ancien responsable du Ministère de l'Environnement et de la DATAR, a su aider à protéger cette vallée fragilisée par son environnement si proche de Paris. Nous l'avons rencontré : « À 12 km des portes de Paris, la vallée de la Bièvre se maintient envers et contre tout. Watteau, Corot, Odilon Redon et, plus proche de nous, Dunoyer de Segonzac, ont dépeint des paysages que nous connaissons tous. Les castors de la Bièvre qui vivaient autrefois dans ses sources, ont donné leur appellation latine de « Biverae », castors à cette rivière qui devient souterraine sous la capitale ». Le GR® 11 de la vallée de la Bièvre a été conçu par une assocation locale, les « Amis de la vallée de la Bièvre ». Depuis plus de trente-cinq ans, elle veille à la sauvegarde des sites protégés. L'itinéraire du GR® 11 a été l'un des premiers à être desservi à ses deux extrémités par les transports en commun. Autour de Paris, le tronçon de la vallée de la Bièvre, s'intégre dans un réseau plus complet. C'est à Neauphle-le-Château que se rejoignent le GR® 1 et le GR® 11 . Il comporte une variante par les hauteurs de Jouy-en-Josas : le GR® 11G. Les étangs de Saint-Quentin créés au XVIIe siècle valent tout-à-fait le détour. Entre les Yvelines et l'Essonne, la vallée de la Bièvre garde tout le charme de ses sentiers verts, à atteindre en quelques stations de RER...

## GASTRONOMIE
# LA SOUPE CRESSONNIÈRE

« Cresson, mon beau cresson ! ». Le cresson de fontaine se vendait à la criée autrefois dans les rues de Paris. Les cressonnières sont toujours en vedette dans la culture maraîchère de l'Essonne. Le cresson, surnommé « santé du corps » passe depuis des siècles pour un excellent tonique capillaire. Il agit également contre les taches de rousseur. Quant aux gastronomes de l'Essonne, ils pourront se régaler, plus simplement, avec la soupe cressonnière. Il s'agit d'une crème onctueuse.

Pour 6 personnes : *2 bottes de cresson, 1 oignon, 2 branches de céleri, 150 g de beurre, 500 g de pommes de terre, 2 litres de bouillon de volaille (en cubes), sel, poivre, 50 cl de crème fraîche.*
Pelez l'oignon, épluchez et lavez le céleri. Emincez le tout dans une casserole et laissez fondre avec 20 g de beurre

sans attacher. Triez le cresson en ne laissant que 2 cm de queue aux branches. Lavez, séchez et ajoutez à la casserole en remuant à feu doux. Gardez de côté quelques feuilles pour la décoration. Pelez, lavez et coupez en dés les pommes de terre que vous joignez directement à la préparation. Mouillez avec le bouillon, assaisonnez et laissez cuire 20 mn environ. Passez au mixeur. Reversez dans la même casserole et mettez alors la crème fraîche rapidement. Remuez à feux doux jusqu'à ce que la soupe se veloute légèrement. Goûtez pour ajouter sel et poivre si nécessaire. Avant de servir dans les assiettes ou la soupière, ajoutez le beurre qui reste et versez la soupe sur les quelques feuilles de cresson que vous avez mises de côté. Encore mieux : préparez quelques croûtons au beurre à part et servez avec du vin blanc, sec et léger.

CUEILLETTE DU CRESSON / PHOTO A. -M. M.

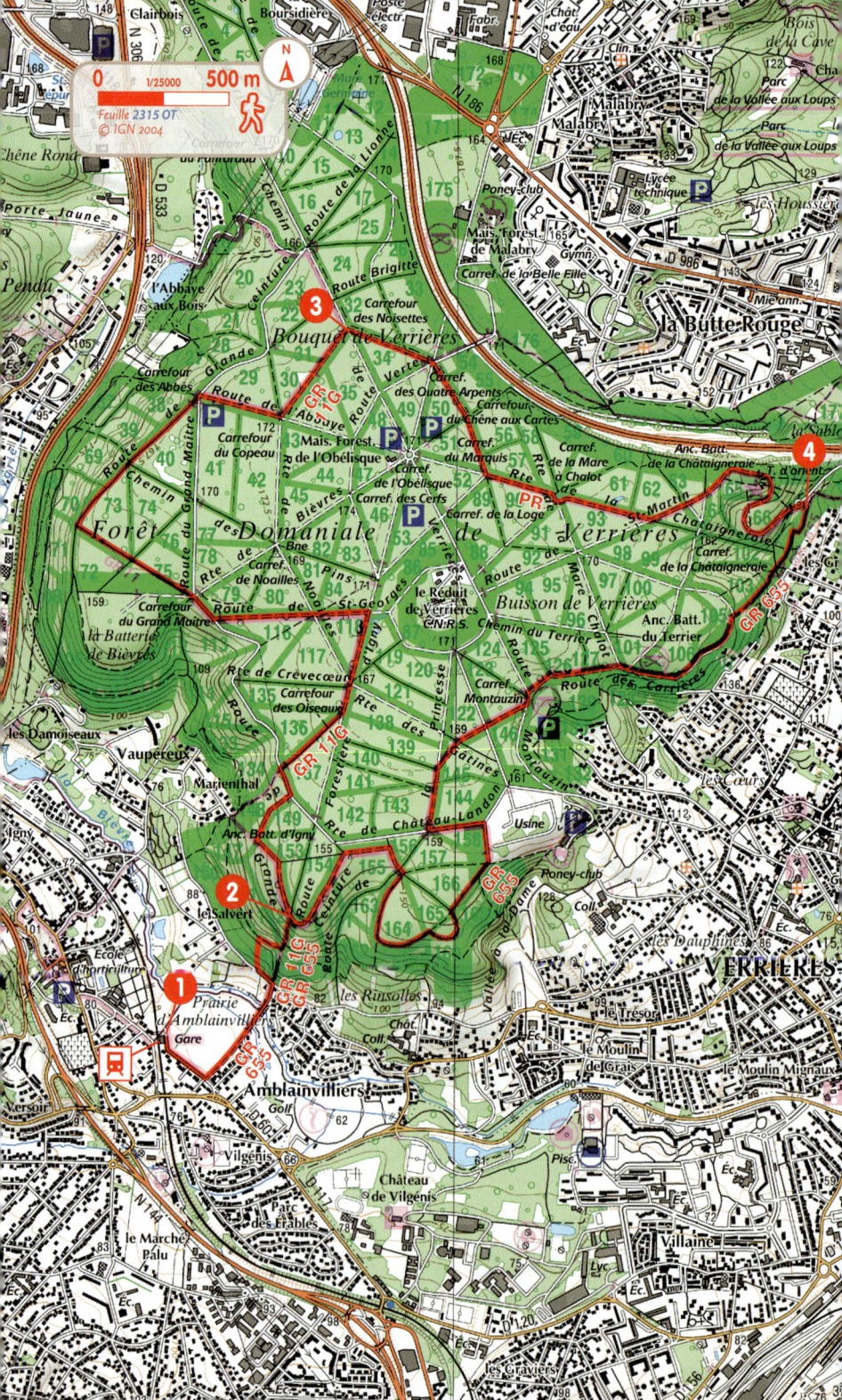

# Forêt de Verrières

**Pour faire le tour d'un massif encore boisé, qui a su préserver son Buisson et son Bouquet, domaine des sportifs à pied ou à vélo.**

**1** En sortant de la gare, prendre la rue Jean-Jaurès, puis un chemin à gauche. Franchir la Bièvre, puis une route. Monter sur 200 m.

**2** Tourner à gauche. Après 250 m, se diriger à droite, à gauche et à droite. Couper une route. Obliquer à gauche pour passer au carrefour des Oiseaux. À une intersection, tourner à gauche dans la route Saint-Georges. Suivre à droite la route de la Grande-Ceinture sur 100 m. Au carrefour du Grand-Maître, tourner à gauche, puis plus loin à droite. Au carrefour des Abbés, prendre à droite la route de l'Abbaye-aux-Bois. Au carrefour du Copeau, s'engager à gauche dans la route de Noailles.

**3** Au carrefour des Noisettes, suivre à droite la route de la Genetrière. Au carrefour des Quatre-Arpents, suivre en face la route Verte et un chemin de piétons qui rejoint le carrefour de la Mare-Chalot. Continuer dans la route de la Châtaigneraie. Obliquer à gauche dans la route Saint-Martin. Passer au point de vue de la Batterie-de-la-Châtaigneraie. Redescendre en lacets jusqu'à l'ancien parking.

**4** Tourner franchement à droite. Le sentier suit un parcours sinueux qui mène au chemin des Carriers que l'on suit à gauche. Continuer en face par la route des Carrières. Passer au carrefour Montauzin, puis devant un parking et traverser la route forestière des Gâtines. Prendre à gauche la route de la Princesse, puis, à gauche, la route de Château-Landon. Tourner à droite et suivre la route d'Amblainvilliers. Obliquer à gauche dans une zone plantée de grands chênes. Le chemin décrit plusieurs arcs de cercle avant d'arriver à un carrefour. Tourner à gauche, puis 50 m plus loin, de nouveau à gauche et 100 m plus loin, encore à gauche. 300 m plus loin, l'allée forestière s'infléchit à droite et coupe la route forestière d'Igny.

**2** Descendre à gauche par l'allée forestière, continuer tout droit et franchir la Bièvre. Poursuivre par le chemin en face, puis emprunter la rue Jean-Jaurès à droite pour rejoindre la gare.

**S SITUATION**
Igny, à 13,5 km de Paris par D 906, N 118 et D 117

**P PARKING**
à la gare d'Igny

**T TRANSPORT**
gare d'Igny (RER C, ligne de Massy-Palaiseau à Versailles-Chantiers)

**B BALISAGE**
1 à 3 > blanc-rouge
3 à 4 > jaune
4 à 2 > blanc-rouge

## À DÉCOUVRIR...

**> En chemin :**
• Igny : mairie ; église Saint-Pierre ; rue du Moulin
• Verrières-le-Buisson : église Notre-Dame-de-l'Assomption (XIIIe et XVIe siècles) ; château (XVIIe siècle) ; moulin de Grais ; gisements préhistoriques (au Buisson de Verrières) ; tombes d'André Malraux et du Commandant d'Estienne d'Orves ; établissements horticoles Vilmorin

**> Dans la région :**
• Sceaux : parc et château

PARC PRIVÉ DE L'ARBORETUM DE VILMORIN / PHOTO CDT 91

## LE CHÈVREFEUILLE DE VERRIÈRES

La famille des Lévêque de Vilmorin a rendu célèbre Verrières où elle installe après 1815 des cultures expérimentales sur la pomme de terre de Parmentier. L'écrivain Louise de Vilmorin vécut au château de Verrières où elle reçut André Malraux qui y finira ses jours. C'est dire si la poésie et l'horticulture vont de pair dans cette forêt où les carrefours et les itinéraires ont pour nom « oiseaux », « noisettes », « carrières » ou « châtaigneraie ». Les vieux forts de la guerre de 1870 disparaissent sous les lianes du chèvrefeuille sauvage. Quelques fleurs pâles et roses qu'aurait sans doute pu apprécier Louise de Vilmorin. Cette « leur de miel » en décoction servait autrefois de vulnéraire contre les maladies de la gorge.

## LA « VILLA VEDARIAE » DE VERRIÈRES

Un milieu forestier assez peu fréquenté, sur près de six cents hectares, à découvrir facilement en un après-midi. Un arboretum municipal et des monuments, moulin, pigeonnier et châteaux, accompagnent agréablement la balade.

« *Villa Vedariae* », ainsi s'appelait au Moyen Âge, l'ensemble boisé de Verrières. Ce domaine reste jusqu'au XVIIe siècle une propriétée religieuse. Prolongeant la forêt de Meudon, la forêt de Verrières prend naturellement le nom, au XVIIIe siècle, de « buisson de Verrières ». Elle servira, comme la plupart des forêts de l'Ile-de-France, de terrain de chasses royales sous l'Ancien Régime. En 1694, les archives témoignent de son sol « ingrat et sablonneux », tout juste bon à donner du bois de chauffe. Une critique qui ne concerne pas notre siècle, mais qui cite, de façon plus intéressante pour le randonneur, les nombreux chênes, châtaigniers, bouleaux et coudriers qui existent toujours. Frênes, hêtres, érables et résineux ajoutent actuellement leur diversité à cette forêt entretenue par l'ONF. Cette forêt fragile, environnée de grands axes automobiles, a le mérite de conserver un espace vert proche de la capitale. Son site stratégique l'avait déjà fait remarquer par le maréchal Davout, lors des guerres napoléoniennes. C'est à la limite de cette forêt que le 1er juillet

LA FORÊT DE VERRIÈRES / PHOTO CH. M.

1815, le général Exelmans repoussa les Prussiens. Toujours pour les mêmes raisons de tactique, lors de la guerre de 1870, ses buttes se couvrirent de forts militaires. Les chercheurs du CNRS occupent dorénavant Le Réduit, l'une des six batteries qui subsistent encore dans la forêt. Le parcours sportif sylvestre de Châtenay-Malabry traverse le nord de la forêt de Verrières, tandis que les chevreuils et les lapins se réfugient plus facilement dans les fossés du sud et de l'ouest.

## FAUNE ET FLORE
## LES MILLE ACTIVITÉS DE LA SITTELLE TORCHEPOT

Elle se balade la tête à l'envers, elle fait des épargnes de provisions pour l'hiver. La sittelle torchepot n'arrête jamais. Parmi les passereaux communs de l'Ile-de-France, la sittelle torchepot est sans doute l'un des oiseaux sylvestres les plus curieux. Les griffes acérées de ses pattes musclées lui servent de crampons. Une véritable acrobate qui descend la tête en bas sur l'écorce des troncs d'arbre. La sittelle casse les écorces dures des graines qu'elle ramasse, noisettes, graines de conifères ou faines, avec son bec. Et l'on voit parfois la touffe gris-bleue de ses plumes s'activer dans la fourche d'un arbre pour cacher son butin. La sittelle aime le froid et est originaire de Sibérie.

Essentiellement sédentaire, elle se réfugie dans les cavités de nos arbres en calfeutrant l'entrée du trou ave des boulettes de boue pétries de salive. Ce mortier de terre finement piqueté lui a valu son surnom de « torchepot ». À l'intérieur de la cavité, souvent emprunté à un vieux nid de pic abandonné, la femelle construit une coupe faite de fragments d'écorce et de feuilles mortes. Six à neuf œufs blancs tachetés de brun y sont pondus à 24 h d'intervalle. Les petits s'envoleront au bout de trois semaines, après avoir joué avec les mésanges et les roitelets. « Tui, tui, tui, tui », le cri sonore du mâle débute en janvier pour décliner en mai. Sachez le reconnaître en forêt.

SITTELLE TORCHEPOT / PHOTO F.C.

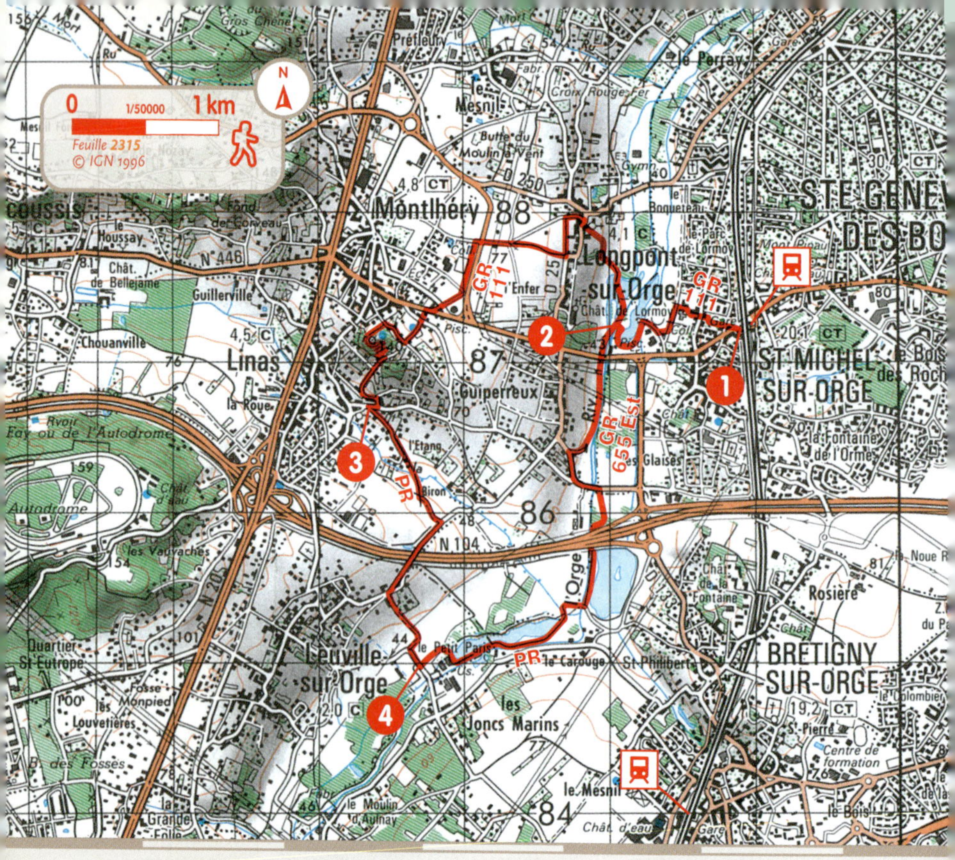

## LA TOUR, PRENDS GARDE !

Il ne demeure que le donjon haut de trente mètres (classé Monument Historique) de cette formidable forteresse édifiée par Thibault File-Etoupe (X$^e$ siècle). Celui qui fit également construire la motte féodale de Chevreuse. Il surveillait ici la route d'Orléans à Paris (N 20), en détroussant les passants. Son surnom avait pour cause ses cheveux blonds filasse et, comme à Chevreuse, il dérangeait « moult le roy ». Batailles et rebatailles, tout cela finit toujours mal. À la Renaissance, les pierres du château sont pillées pour construire l'enceinte de la ville. Seul demeure aujourd'hui le donjon qui servit au début du XIX$^e$ siècle à des expérimentations sur la vitesse du son puis sur la transmission télégraphique.

CHÂTEAU FÉODAL DE MONTLHÉRY / PHOTO A.-M. M.

# Circuit de Saint-Michel-sur-Orge

**À Longpont, les pèlerins affluent depuis toujours, de la chapelle d'origine à la Basilique actuelle, une des plus importantes d'Ile-de-France.**

**❶** De la gare, descendre le mail de l'Europe puis l'allée J. Moulin. Tourner à gauche dans une allée, puis à droite pour atteindre un étang. Prendre à gauche pour le contourner. Franchir le petit pont sur la Boële, puis un pont de bois sur l'Orge.

**❷** Longer les étangs à droite, puis monter à la basilique de Longpont. Emprunter en face de la basilique, la rue du Champ-de-Bataille et à gauche le chemin de Derrière-les-Murs. Prendre la route à droite, puis la D 133 à gauche. Au stade, obliquer dans la rue à droite, traverser la placette et continuer en face par la rue des Processions. Suivre la rue Alexandre-Prou à droite, puis gravir la route de la Poterne et parvenir au pied de la tour de Montlhéry. Utiliser le sentier qui serpente puis descend et parcourir la rue des Processions à droite.

**❸** À l'entrée de Linas, tourner à gauche à angle aigu. Suivre la direction sud. Franchir l'autoroute la Francilienne. Suivre la route en direction de Leuville pendant 400 m. Tourner à gauche dans une rue qui devient un chemin. Après 400 m, prendre à droite, puis suivre à gauche une route sur 100 m.

**❹** Tourner à gauche, passer près d'une usine. Longer la base de loisirs. Remonter plein nord en suivant l'Orge. Passer sous la Francilienne et continuer en face. Traverser la D 46 et continuer jusqu'à un pont de bois sur l'Orge.

**❷** L'emprunter et suivre le même chemin qu'à l'aller pour revenir à la gare de Saint-Michel-sur-Orge.

LA SALMOUILLE / PHOTO P. H.

**S SITUATION**
Saint-Michel-sur-Orge,
à 25 km au sud de Paris
par A 6, N 20, D 46

**P PARKING**
de la gare de Saint-
Michel-sur-Orge

**T TRANSPORT**
gare de Saint-Michel-
sur-Orge (RER C, lignes
d'Étampes et Dourdan)

**B BALISAGE**
1 à 3 > blanc-rouge
3 à 4 > jaune
4 à 1 > jaune, puis
blanc-rouge

## À DÉCOUVRIR...

**> En chemin :**
•Longpont : basilique
Notre-Dame-de-Bonne
-Garde (XIIe et XIIIe siècles) ;
reliquaire, croix de carrefour du XIe siècle
• Montlhéry : ruines du
château féodal et donjon
cylindrique ; hôtel-Dieu ;
prison de la Prévôté et
porte Baudry (XIe siècle) ;
église de la Trinité (XIIIe
siècle)

**> Dans la région :**
• Sainte-Geneviève-des-
Bois : cimetière russe
• Brétigny-sur-Orge :
église Saint-Pierre (XIIe
siècle)

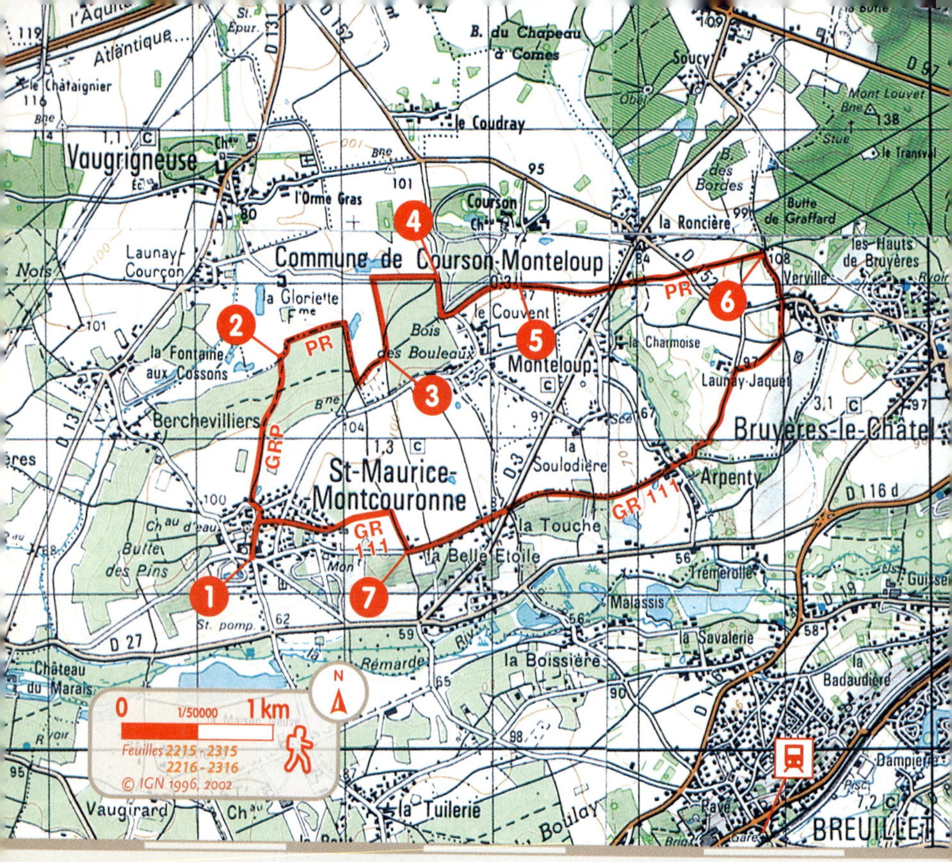

## FAUNE ET FLORE

# UN PARC À L'ANGLAISE

Le cadre classique du château de Courson, bâti par Lamoignon en 1676, est environné de jardins à l'anglaise qui furent créés en 1820 sous la direction de Berthault, paysagiste de l'impératrice Joséphine à la Malmaison. Différentes promenades sont proposées suivant les saisons dans le parc, au milieu des arbres centenaires. Deux fois par an, les professionnels et les amateurs, amoureux des plantes se rencontrent à Courson. Rouge brique des façades sur pelouse verte avec parasols géants blancs font un décor de rêve aux élégantes jar-dinières en herbe. Mais les pélargoniums bleus, les fuchsias marine et les pensées noires sont un exemple des espèces rares proposées lors de ces journées toujours…

FOIRE AUX PLANTES / PHOTO A.-M. M.

# Circuit de Courson

Le lavoir de Saint-Maurice et sa grenouille sont tout près de Courson et son parc à l'anglaise.

**1** De la place de l'Eglise, prendre la rue à gauche qui passe devant la mairie. Traverser le village puis atteindre le bois de Bourguignette (chemin fléché CR 5) jusqu'en lisière du golf de Courson.

**2** Tourner à droite pour longer le golf en lisière de bois.

**3** Contourner le bois des Bouleaux. Prendre à droite la route d'accès au golf.

**4** Au carrefour, emprunter une petite route à droite le long du parc du château de Courson.

**5** À l'endroit où la route tourne à gauche (*château de Courson, à 300 m*), la quitter pour suivre en face un chemin de terre (est). Traverser la D 3 puis la D 152 et remonter en face par un chemin à travers champs. Entrer dans le bois.

**6** Au carrefour, tourner à droite. Traverser la D 152 et emprunter une petite route, puis suivre un chemin à droite. À la propriété de Launay-Jaquet, s'engager à gauche dans un sentier en descente puis tourner à droite dans une route menant à Arpenty. Couper une autre route et suivre un chemin qui, plus loin, longe un petit bois. Traverser la D 3 et suivre une route.

**7** Au carrefour de la Butte-Blanche, prendre un chemin à droite puis le premier à gauche. Traverser un lotissement et, à l'intersection, tourner à gauche pour regagner l'église de Saint-Maurice-Montcouronne.

**S** SITUATION
Saint-Maurice-Montcouronne, à 35 km de Paris par A 6, N 20, D 116D, D 27

**P** PARKING
de l'église de Saint-Maurice-Montcouronne

**B** BALISAGE
1 à 2 > jaune-rouge
2 à 6 > jaune
6 à 1 > blanc-rouge

**!** DIFFICULTÉS !
hiver (zones inondables)

## À DÉCOUVRIR...

**>** **En chemin :**
• Saint-Maurice-Montcouronne : église ; lavoir • Courson : château du XVIIe siècle et parc romantique (visites possibles) ; golf

**>** **Dans la région :**
• Val-Saint-Germain : château du Marais, église (collection de souches de cierges)
• Saint-Cyr-sous-Dourdan : église, ferme fortifiée

CHÂTEAU DE COURSON / PHOTO P. H.

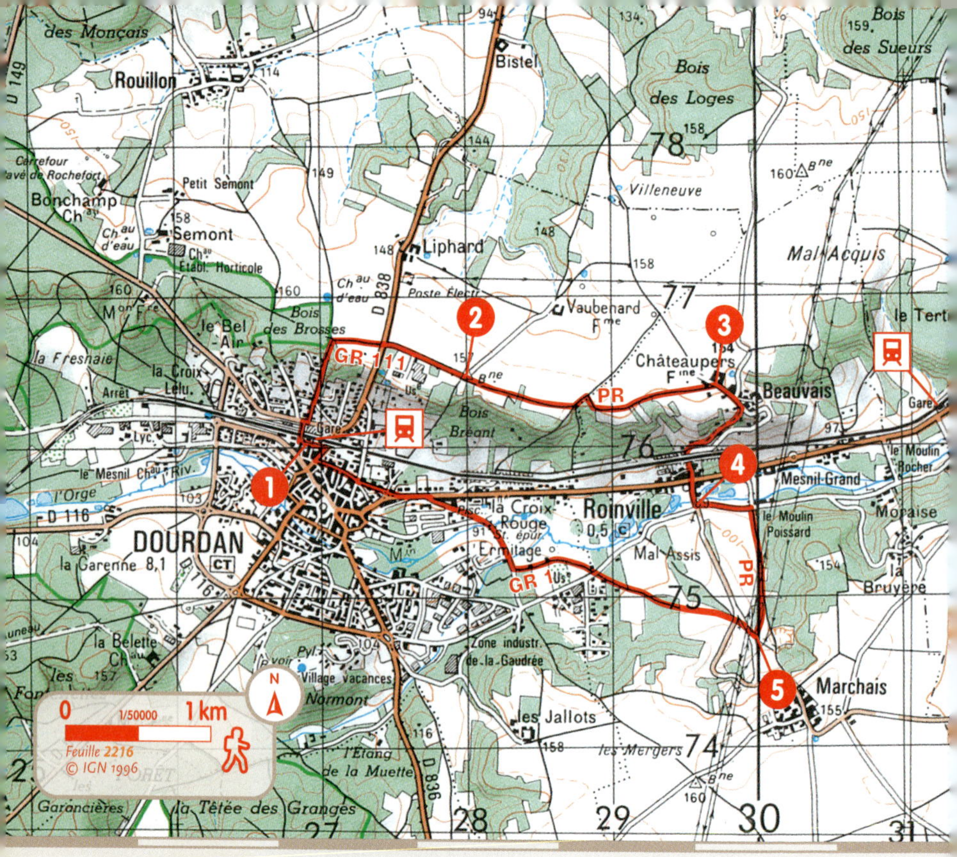

## HISTOIRE

## RENARD LA TERREUR

L'IMPOSANTE FAÇADE DU CHÂTEAU
DE DOURDAN. / PHOTO A.-M. M.

L'imposant château de Dourdan, reconstruit au XIIIᵉ siècle, s'impose par sa force au cœur de la vieille ville. Il a souvent servi de prison, notamment à une bande de brigands du XVIIIᵉ siècle. Ils s'appelaient Tournetalon, Le Lapin, Le Parisien-Bancal, Va-de-Bon-Cœur et Dur-à-Cuire et réalisaient les pires rapines sous la conduite de leur chef Renard. Avec toutes leurs compagnes, ils furent enfin capturés par la maréchaussée de Dourdan en 1764. Dans ce terrible hiver, on les enferma dans une tour du château. Torturé, Renard se révolta, les prisonniers brisèrent leurs chaînes, s'évadèrent, faisant à nouveau peur aux braves bourgeois de Dourdan. Les irréductibles s'enfuirent dans la forêt de Montargis et ce n'est qu'en 1800 que la guillotine coupa la tête des derniers bandits.

# Circuit de Roinville

**Tous les rois de France sont venus dans leur ville de Dourdan, berceau des Capétiens et propriété directe de la Couronne.**

SCULPTURES DANS L'ÉGLISE DE DOURDAN / PHOTO P. H.

**S SITUATION**
Dourdan, à 49 km au sud-ouest de Paris par A 6, A 10, D 149, D 836

**P PARKING**
de la gare de Dourdan

**T TRANSPORT** gare de Dourdan (RER C et TER-Centre)

**B BALISAGE**
1 à 2> blanc-rouge
2 à 5 > jaune
5 à 1 > blanc-rouge

**❶** En sortant de la gare, utiliser la passerelle pour franchir la voie ferrée. Tourner à droite dans la rue Pierre-Sémard et à gauche dans la rue de l'Epine-Blanche. Traverser un petit bois. Suivre le premier chemin à droite. Couper la D 838 et atteindre une bifurcation.

**❷** Continuer tout droit par un chemin à travers la plaine. À une intersection, tourner à gauche puis à droite pour gagner la ferme de Châteaupers.

**❸** À la hauteur de la ferme, partir à droite en direction du hameau de Beauvais. Emprunter à droite la rue des Vignes, puis descendre le chemin de la Cavée. Prendre la rue de Beauvais, passer sous la voie ferrée. Traverser la D 116. Passer à côté de la mairie de Roinville.

**❹** Au carrefour, après la rivière, tourner à gauche. Au carrefour suivant, au lieu dit le Moulin Poissard, prendre à droite. Suivre un chemin de terre qui longe un petit bois.

**❺** Tourner à droite. Couper deux routes et continuer en face par un chemin longeant bois et champs. Traverser une route et prendre un chemin en face. Tourner à droite dans l'avenue Pierre Mendès-France. Prendre à gauche en biais le chemin du Pont-Guénée, puis la rue Gaston-Lesage, l'avenue de Paris, la rue Gautreau, le boulevard des Alliés, les avenues Carnot et du Docteur-Jules-Bals pour arriver à la gare de Dourdan.

## À DÉCOUVRIR...

**> En chemin :**
• Dourdan : musée d'archéologie et d'art contemporain ; château (XIIIe siècle) ; halle (XIIIe) ; église Saint-Germain-l'Auxerrois (XIVe siècle) ; anciens remparts ; maisons anciennes (XVIe et XVIIIe siècles) ; porte Renaissance ; tombe de Roustan, Mamelouk de Napoléon-ier ; greniers à sel (XVIIIe siècle).
• Roinville-sous-Dourdan : église Saint-Denis (XVe) ; ferme de Châteaupers (XVIe siècle)

**> Dans la région :**
• Saint-Arnoult-en-Yvelines : propriété d'Aragon (musée et parc)

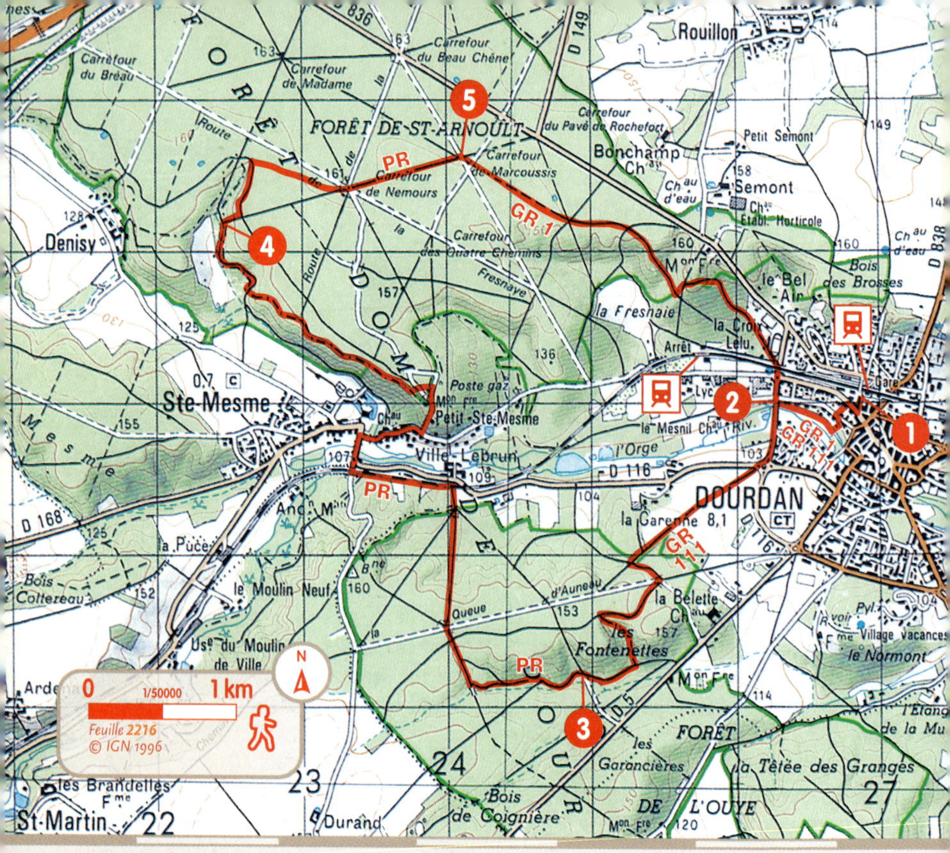

## FAUNE ET FLORE

# LES BEAUX CHÊNES DE DOURDAN

La forêt de Dourdan est caractérisée par le nombre de ses beaux chênes ou rouvres. Elle s'appelait autrefois la forêt de Saint-Arnoult-l'Ouye. Elle a été baptisée ainsi lorsque le roi Louis VII retrouva la piste de ses compagnons de chasse dans la forêt, grâce à son ouïe... Il n'en fallut pas plus pour construire une abbaye en guise de remerciements, entourée de chênes remarquables. Ne manquez pas d'admirer le Chêne des Six Frères à l'extrême sud de la forêt de l'Ouye : il date de 1591. Au nord de Dourdan, les chênes Saint-Louis et de la SAFODORE (Société des Amis de la Forêt de Dourdan) sont signalisés par des panneaux proches de Saint-Arnoult. Au fait, saviez-vous que saint Arnoult était le patron des campeurs ?

LE CHÊNE DES SIX FRÈRES / PHOTO A.-M. M.

# Forêts de Dourdan et de l'Ouye

**La forêt domaniale de Dourdan et celle de l'Ouye, domaines royaux, sont séparées par l'Orge, de Dourdan à Sainte-Mesme.**

**1** En face de la gare, prendre la rue Amédée-Guénée puis la rue du faubourg de Chartres, les ruelles Alexandrie et de la Source. Suivre à droite l'Orge.

**2** Tourner à gauche. Au rond-point, traverser la D 116. Emprunter à droite un chemin à travers champs. Entrer dans les bois par une allée forestière. Tourner à gauche. Au carrefour, s'engager en face à droite. En haut d'une montée, tourner à droite, puis s'engager à gauche dans le premier sentier en forte descente. À la première intersection, tourner à droite.

**3** À l'intersection suivante, poursuivre tout droit. Utiliser une allée forestière sinueuse jusqu'au carrefour du Parc-aux-Boeufs. Tourner à droite dans une allée qui monte puis descend jusqu'à la lisière des bois. Poursuivre jusqu'à la voie ferrée et la suivre à gauche sur 1 km. Passer sous le pont et emprunter la D 116 sur 200 m. Tourner à droite. Traverser le Petit-Sainte-Mesme. Au carrefour, prendre la branche de gauche et monter vers la maison forestière du Pavillon. Peu après, on entre en forêt. Traverser une petite route et tourner à droite dans une allée qui suit le rebord du plateau. Après plusieurs coudes, descendre et suivre à droite le bornage de la forêt domaniale de Dourdan.

**4** Monter à droite la route de Bonchamp. Prendre à gauche la route du Cordon puis à droite la route aux Lapins jusqu'au carrefour de Nemours. Suivre la route de Bonchamp jusqu'au carrefour de Marcoussis.

**5** Prendre à droite jusqu'au carrefour du Grillon. Continuer en face jusqu'au carrefour des Buttes-Blanches. Descendre à droite un chemin sur 300 m. Tourner à gauche puis à droite. Sortir de la forêt. Passer devant le stade. Passer sous le pont,

**6** Tourner à gauche. Emprunter les ruelles de la Source et Alexandrie, la rue du faubourg de Chartres et la rue Amédée-Guénée.

## SITUATION
Dourdan, à 49 km au sud-ouest de Paris par A 6, A 10, D 149, D 836

## PARKING
gare de Dourdan

## TRANSPORT
gare de Dourdan (RER C et TER-Centre)

## BALISAGE
1 à 3 > blanc-rouge
3 à 5 > jaune
5 à 1 > blanc-rouge

## À DÉCOUVRIR...

> **En chemin :**
• Dourdan : porte Renaissance ; musée d'archéologie et d'art contemporain ; château (XIIIe, donjon cylindrique, enceinte quadrangulaire) ; halle (XIIIe) ; église Saint-Germain-l'Auxerrois (XIVe) ; anciens remparts ; maisons anciennes (XVe et XVIIIe siècle)
• Sainte-Mesme : fontaines consacrées au martyre de sainte Mesme ; château

> **Dans la région :**
• Rochefort-en-Yvelines : église et ruines du château

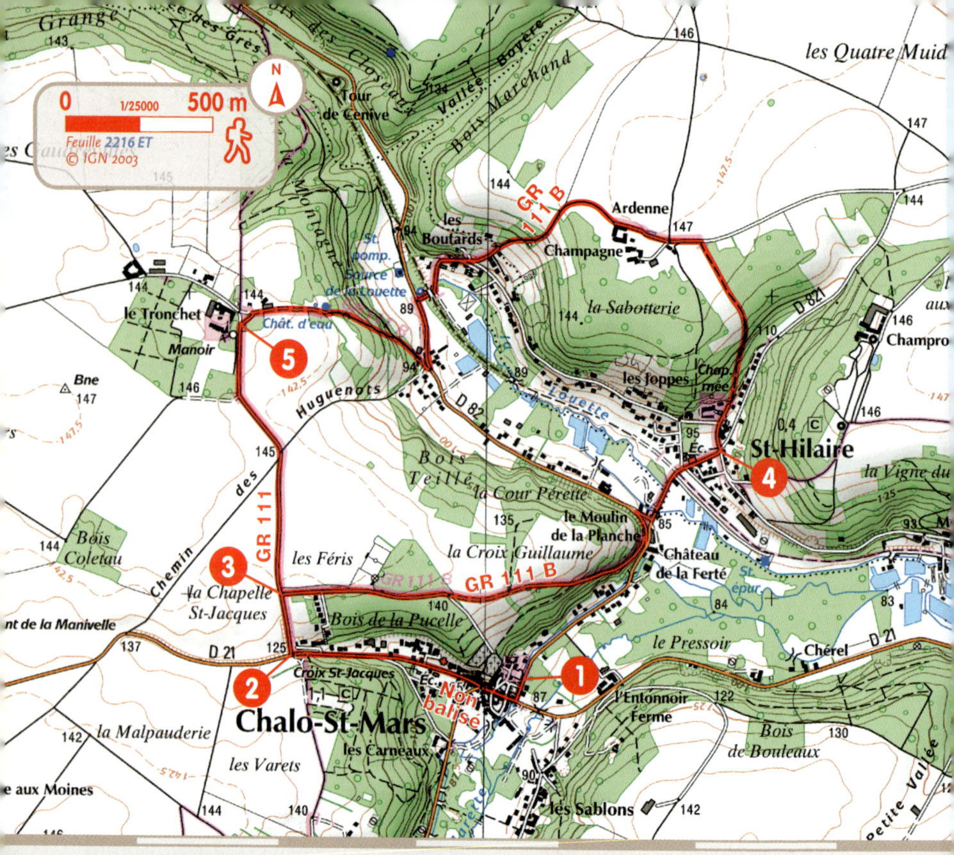

## HISTOIRE

### DES FEMMES DÉSIRÉES

Le beau village de Chalo-Saint-Mars, sur les bords de la Chalouette, se veut de la lignée de Challou-Saint-Mard. Une histoire de remplacement syndical qui remonte au Moyen Age. Au XIe siècle, le roi de France Philippe Ier tombe malade. Pas « d'arrêt de maladie » à l'époque pour refuser un pélerinage à Jérusalem. Eudes, fidèle vassal à « Challou-Saint-Mard », se propose en remplacement. Pour le remercier, le roi octroie à son fils et à ses cinq filles le privilège de ne plus payer d'impôt. La lignée de la famille d'Eudes-le-Maire en bénéficiera durant des siècles. Cela valait vraiment la peine alors de se marier avec l'une des arrière-petites-filles

CHALO-SAINT-MARS / PHOTO A.-M. M.

d'Eudes. Mais Henri IV passa par là et supprima, cinq siècles plus tard, les privilèges de la lignée d'Eudes-le-Maire.

# Vallée de la Chalouette

PHOTOS A.-M. M.

**À Saint-Hilaire, la source pure de la Louette alimente une quantité de cressonnières**

**1** Du parking de Chalo-Saint-Mars, emprunter la D 82 à droite, puis la D 21 à droite sur 800 m environ.

**2** Au carrefour, tourner à droite sur 150 m.

**3** Tourner à droite sur un chemin qui passe devant le stade. En arrivant sur la D 82, tourner à droite à angle aigu puis à gauche dans la D 82E. Franchir la Louette.

**4** Au deuxième carrefour, poursuivre à gauche. À l'intersection suivante, monter ensuite à droite et pénétrer dans un bois. Suivre la lisière jusqu'à une petite route. Tourner à gauche. Longer la ferme d'Ardenne. Descendre à gauche, et plus loin, emprunter à droite une route pour traverser le hameau des Boutards. S'engager à droite sous un pont, puis à gauche sur la D 82. Monter à droite dans le bois par un sentier. Passer près d'un château d'eau pour arriver à la ferme du Tronchet.

**5** Tourner à gauche devant la ferme. Suivre une route jusqu'à la D 21.

**2** Emprunter à gauche la D 21 pour revenir à Chalo-Saint-Mars.

LA CHALOUETTE / PHOTOS A.-M. M.

**S SITUATION**
Chalo-Saint-Mars, à 55 km au sud-ouest de Paris par A 6, A 10, N 20, D 21

**P PARKING**
Parc André Bouniol à côté de l'église de Chalo-Saint-Mars

**B BALISAGE**
1 à 2 > non balisé
2 à 3 > blanc-rouge
3 à 2 > blanc-rouge
2 à 1 > non balisé

## À DÉCOUVRIR...

> **En chemin :**
• Saint-Hilaire : nombreuses cressonnières, reste de la Chapelle du Prieuré, (XIIᵉ siècle) • Chalo-Saint-Mars : église Saint-Médard (XIIᵉ siècle) ; manoir du Tronchet (XVIᵉ et XVIIᵉ siècle), pigeonnier (XVIIIᵉ siècle), chapelle seigneuriale, bâtiments anciens

> **Dans la région :**
• Étampes : tour Guinette (XIIᵉ siècle, donjon de l'ancien château) ; église Saint-Basile (XIIᵉ-XVIᵉ) ; église Notre-Dame-du-Fort (XIIᵉ siècle) ; église Saint-Martin (XIIᵉ-XIIIᵉ siècle) ; église Saint-Gilles (XIIᵉ, XIIIᵉ et XVIᵉ siècle) ; maison d'Anne de Pisseleu (XVIᵉ siècle) ; maison de Diane de Poitiers (XVIᵉ siècle) ; hôtel Saint-Yon ; hôtel de ville (XVᵉ siècle)

# Circuit de Lardy

**À Chamarande, le château Louis XIV vous séduira par son parc et ses grilles.**

**1** En sortant de la gare de Lardy, tourner à gauche puis à droite. Franchir la Juine. Traverser la D 17. Monter à droite. Au sommet de la côte, bifurquer à gauche, puis à droite.

**> Pour aller voir le dolmen de Pierre-Levée : se diriger à droite. Prendre le premier sentier à gauche jusqu'à la lisière du bois. Le dolmen se trouve sur la droite. Revenir au point de départ** *(15 min aller et retour).*

Le circuit tourne à gauche. Traverser le lotissement de Pocancy. Tourner à droite sur la route qui mène à la ferme de Pocancy.

**2** Juste avant la ferme, emprunter un sentier à droite et le suivre jusqu'à la ferme de la Grange-des-Bois.

**3** Face à la ferme, tourner à droite, emprunter à droite un chemin et, plus loin, suivre à droite la D 17 sur 100 m. Tourner deux fois à gauche, puis à droite. Contourner le château de Gillevoisin. Bifurquer dans la première rue à droite, puis emprunter la D 146 à gauche *(tout près, le château de Chamarande)*. Tourner à droite sous la voie ferrée. Monter par la large allée, puis par la sente en sous-bois.

**4** Laisser le GR® 655 partir à gauche et continuer tout droit dans le bois sur 200 m. Prendre le sentier à gauche sur 500 m, le chemin à droite, puis le chemin à gauche. Juste avant la ferme restaurée, dévaler la pente à droite et entrer dans Lardy. Tourner à droite pour regagner la gare.

DÉTAIL D'ARCHITECTURE DU CHÂTEAU DE CHAMARANDE / PHOTO A.-M. M.

## Informations pratiques

**S SITUATION**
Lardy, à 40 km au sud-ouest de Paris par A 6, A 10, N 20, D 99

**P PARKING**
gare de Lardy

**T TRANSPORT**
gare de Lardy (RER C, ligne d'Étampes)

**B BALISAGE**
1 à 2 > blanc-rouge
2 à 3 > jaune
3 à 1 > blanc-rouge

## À DÉCOUVRIR...

**> En chemin :**
• Lardy : église Saint-Pierre (clocher XIIe siècle, nef XVe siècle) ; moulin des Scellés ; pont de l'Hêtre sur la Juine
• Janville-sur-Juine : château de Gillevoisin, XVIIe siècle ; dolmen de la Pierre-Levée ; tour médiévale de Pocancy
• Chamarande : église Saint-Quentin, XIIe siècle ; domaine de Chamarande, XVIIe siècle (château)

**> Dans la région :**
• Auvers-Saint-Georges : église (clocher XIIe siècle, nef XVe siècle)

## PATRIMOINE
# DES SCOUTS SOUS LES ARBRES

LA PIERRE-LEVÉE / PHOTO A.-M. M.

Le domaine et le château de Chamarande ont vécu plusieurs vies. Construit par Mansart en 1654, le château est entouré d'un parc dessiné par Le Nôtre. À partir de 1922, le château et le parc servirent de Camp-Ecole de chefs pour les Scouts de France, branche catholique du scoutisme créée en 1920 à l'imitation des autres mouvements scouts nés en 1911, qui avaient leur propre camp-école à Verberie (Oise). Des générations de « scoutmestres » comme on disait à l'époque, y furent formées. Après la dernière guerre, « cham », abandonné par les Scouts de France resta sans entretien pendant quelques années avant d'être racheté par le département. C'est un lieu paisible à découvrir sous les magnifiques hêtres pourpres et les cyprès chauves du parc ou encore dans la proche campagne vers le dolmen de la Pierre-Levée.

## GÉOLOGIE ET PRÉHISTOIRE
# LES PIERRES MYSTÉRIEUSES DE LA JUINE

Pour les cultes druidiques et gaulois, l'eau et la pierre sont sacrées. Le randonneur qui les fréquente ne se sentira donc pas étranger devant les pierres mystérieuses de la vallée de la Juine. Ainsi, près de la voie de chemin de fer de Lardy, la « pierre qui bouge » ou « roche tournante » est constituée de deux énormes blocs de grès comme posés l'un sur l'autre sur 4 m de hauteur. Par bonheur, les constructeurs de la voie ferrée, sous Napoléon III, l'ont épargnée. Dans la région, certains racontent que la « roche tournante » tourne tous les siècles à minuit, d'autres certifient l'avoir vu bouger une fois par an à midi ou à minuit. Une colombe viendrait même les soirs de Noël se poser sur la roche supérieure. Un conseil, il vaut mieux rester sur le sentier pour observer cette dernière version, car la pierre se referme sur les randonneurs trop curieux. Vers la ferme de Pocancy, en lisière du bois, l'allée couverte de la Pierre-Levée ouvre son coeur béant dans la pénombre de la forêt. Une entrée basse mais bien dégagée et une chambre rectangulaire sont tournées vers l'Orient. Onze blocs supportent la dalle de couverture de ce mégalithe qui pèse près de seize tonnes. Comme souvent dans les régions de l'Ile-de-France, les fouilles ont été massacrées au cours des siècles par le travail des champs ou par les recherches sauvages qui ont éparpillé son contenu. Malgré tout, il a été possible de dater cette allée couverte à deux mille ans avant Jésus-Christ et de la considérer comme une sépulture collective.

# LE CROSNE, TUBERCULE JAPONAIS

CHÂTEAU DE CHAMARANDE / PHOTO A.-M. M.

Parmi les cultures intéressantes de l'Essonne, celle du crosne *(Stachys Affinis Bunge)* est originaire du Japon et de la Chine septentrionale. Introduit en 1882 dans la ville de Crosne en Essonne par A. Pailleux et D. Bois, ce tubercule est cultivé et utilisé à la manière des pommes de terre dans les champs et les nombreux potagers de la région. Ce sont les racines ou tubercules et les feuilles qui sont utilisées en alimentation. Le goût suave du crosne rappelle l'artichaut et le salsifis.

Voici quelques recettes simples pour un repas aux crosnes.

**Préparation de base** : *Comptez environ 200 g de crosnes par personne. Coupez les deux extrémités. Mettez-les dans un torchon avec une poignée de sel et secouez. Rincez dans de l'eau vinaigrée.*

• **Crosnes sautés** : faite bouillir pen-dant 15 min et dorez dans une poêle avec du beurre chaud. Salez et servez avec un hachis d'ail et de persil. Cette préparation peut être accomodée au jus de viande ou à la crème fraîche.

• **Crosnes en beignets** : dorez chaque rhizome, une fois cuit, dans une pâte à frire et relever d'un jus de citron.

• **Crosnes à l'étuvée** : les cuire en cocotte avec un peu de beurre et un oignon haché. Ils conservent alors toute leur valeur nutritive. Agrémentez avec des épices et du persil avant de servir.

Vous pouvez même essayer la culture des crosnes dans votre potager. Rustiques, ils ne connaissent ni maladies ni parasites et poussent sur des terrains plutôt secs, légers et aérés. Au Japon, on les confit même dans du vinaigre de prune pour les déguster tout l'hiver !

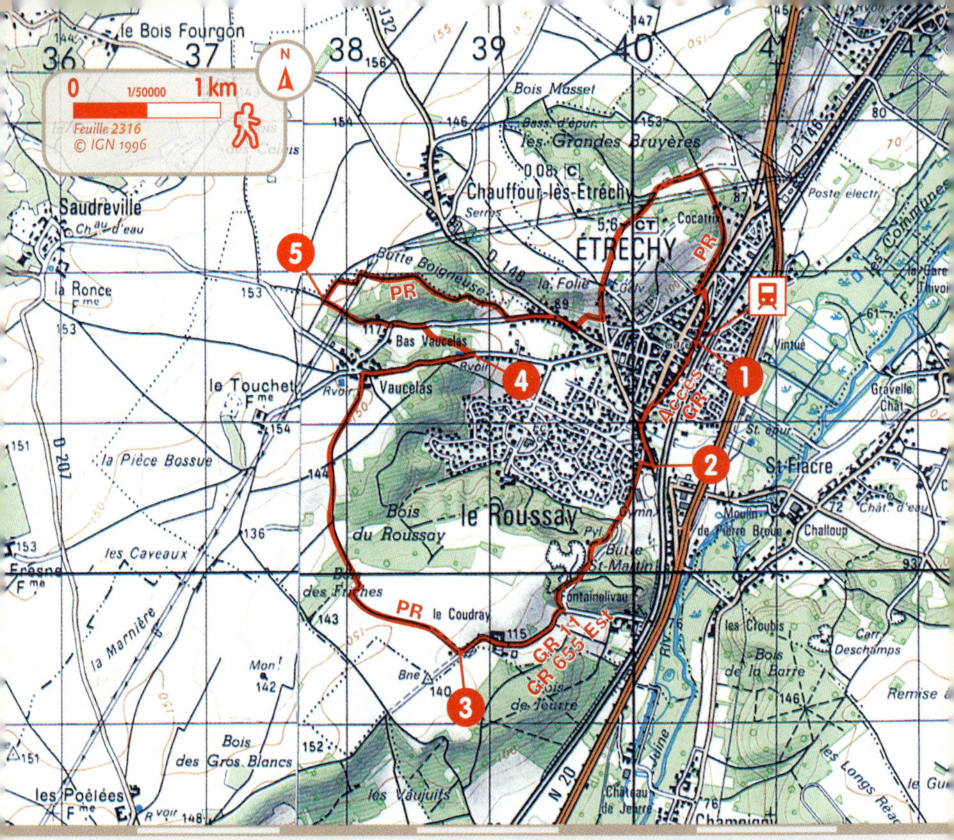

## PATRIMOINE
# LES FOLIES DE JEURRE

Le parc de Jeurre, au sud d'Etrechy sur la N 20, est remarquable par certaines fabriques qui proviennent de Méréville, remontées ici en 1899. Une fois franchie son entrée, un ensemble étonnant réunit dans ce parc aménagé : le fronton du château de Saint-Cloud ; le temple à l'italienne de la Sybille, entouré de seize colonnes corinthiennes, perdu dans de grandes prairies ; la colonne rostrale de marbre bleu ornée d'une sphère dorée élevée à la mémoire des disparus de l'expédition de La Pérouse, enfin le tombeau du navigateur anglais James Cook qui découvrit au XVIIIe siècle les îles de l'océan Pacifique. Une balade hétéroclite et passionnante suivant l'esprit du siècle des Lumières.

PHOTO A.-M. M.

# Circuit d'Etréchy

*La Juine arrose les tourbières, au versant de beaux rochers de grès.*

**1** En sortant de la gare d'Etréchy, suivre à gauche le boulevard de la Gare, puis l'avenue d'Orléans.

**2** Tourner à droite dans la rue Jean-Moulin. Prendre la rue de la Butte-Saint-Martin qui longe le stade, atteindre le bois du même nom. Après la dernière maison, s'engager à droite dans un sentier en sous-bois et le quitter 50 m plus loin pour emprunter une sente à gauche qui monte à travers un chaos rocheux avant d'atteindre d'anciennes carrières puis le plateau de la butte Saint-Martin. Redescendre une pente raide jusqu'à une route que l'on suit à droite. Passer devant la ferme du Coudray.

**3** Au sommet de la côte, tourner à droite. Le sentier longe plus loin le bois du Roussay jusqu'à Vaucelas. A la sortie du hameau, suivre à droite une route sur 700 m.

**4** Tourner franchement à gauche dans un sentier qui mène au Bas-Vaucelas. Suivre à gauche une route sur 250 m. Dans un virage, prendre le sentier qui part en face. Passer sous une ligne à haute tension.

**5** 100 m après, tourner deux fois à droite, à gauche et à droite. Passer de nouveau sous la ligne à haute tension. Continuer sur la butte Boigneuse, puis emprunter une route à gauche. Couper la D 148. Tourner à droite après 50 m. Se diriger à gauche. Passer devant un calvaire. Suivre la direction nord -nord-est pendant 1 km. Après la ligne à haute tension, tourner franchement à droite. Passer de nouveau sous la ligne à haute tension. Traverser un bois. Suivre le sentier qui conduit à Etréchy et regagner la gare.

MAISON À VAUCELAS, ÉTRÉCHY / PHOTO P.H.

**S SITUATION**
Etréchy, à 40 km au sud-ouest de Paris par A 6, A 10, N 20

**P PARKING**
à la gare d'Etréchy

**T TRANSPORT**
gare d'Etréchy (RER C, ligne d'Étampes)

**B BALISAGE**
1 à 3 > blanc-rouge
3 à 1 > jaune

## À DÉCOUVRIR...

> **En chemin :**
• Etréchy : église gothique des XIIe et XIIIe siècles
• ferme du Roussay

> **Dans la région :**
• parc de Jeurre fermé le mercredi, samedi matin, ouvert dimanches et jours fériés, visites à 10 h et à 15 h
• Étampes : tour Guinette (XIIe siècle, donjon de l'ancien château) ; église Saint-Basile (XIIe-XVIe) ; église Notre-Dame-du-Fort (XIIe) ; église Saint-Martin (XIIe-XIIIe) ; église Saint-Gilles (XIIe, XIIIe et XVIe) ; maison d'Anne de Pisseleu XVIe) ; maison de Diane de Poitiers (XVIe) ; hôtel Saint-Yon ; hôtel de ville (XVe)

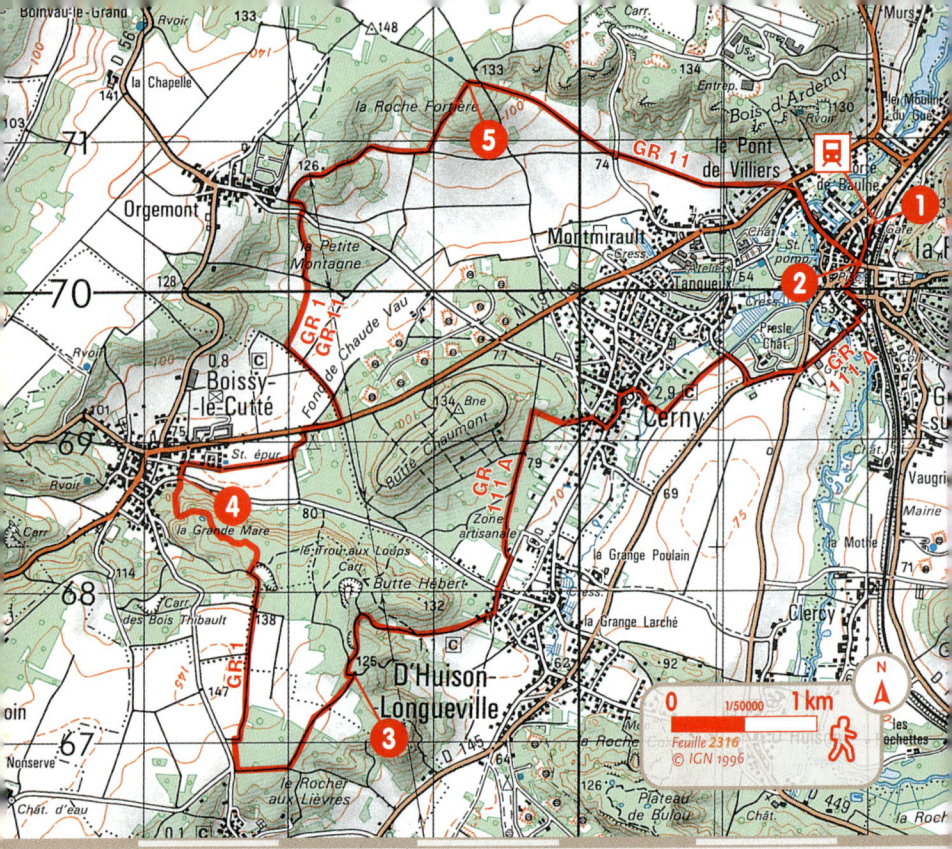

PHOTO A.-M. M.

## HISTOIRE

## CES FOUS DU VOLANT

Au « musée volant » de Cerny-la-Ferté-Alais, des fous volants sur leurs drôles de machines ont réuni, depuis 1937, une cinquantaine d'avions rares, tous en état de marche. Ainsi le moteur du Blériot XI permit à ce héros de l'aéronautique de traverser la Manche en 1909. Le Baron Rouge, as de l'avia- tion allemande, réalisa sur le Fokker Triplan ses prouesses en 1917. Le Tungmeister servit pendant la guerre d'Espagne. Le Popoff biplace fut conçu par un émigré russe. Le Bréguet 14, volant à 5000 m d'altitude en 1917, se rendit célèbre avec des pilotes comme Saint-Exupéry et Mermoz. Le week-end de la Pentecôte donne lieu à une impor- tante démonstration historique.

# Circuit de La Ferté-Cerny

**Un petit tour dans la cité royale de la Ferté-Alais pour se balader dans les quartiers anciens et visiter le buffet d'orgue et les boiseries de l'église Notre-Dame.**

**①** Emprunter à gauche l'avenue du Maréchal-Leclerc.

**②** Prendre le boulevard Angot sur 200 m. Tourner à gauche rue Saint-Firmin, puis à droite dans la rue Maxime-Lisbonne. Prendre en face l'allée Jean-Moulin. Franchir l'Essonne. Après le carrefour avec la D 449, longer la D 145 en bordure d'un champ, la traverser. Prendre la rue de la Ferme sur 200 m en longeant le château de Presles. Prendre à gauche un chemin le long du Vieux Rû. Tourner à droite dans un bosquet. Franchir le Vieux Rû, puis le Rû. Dans Cerny, prendre la rue de l'Abreuvoir. Contourner l'église, puis déboucher sur la place de Selve. Emprunter à gauche la rue de Longueville, puis à droite la rue aux Moines. Prendre le chemin des Amoureux. Bifurquer à droite, puis suivre le chemin à gauche. Il conduit à l'entrée de D'Huison-Longueville. Emprunter la route à droite, passer tout droit le carrefour, puis gravir le chemin à droite. D'abord en lisière, il entre dans le bois puis vire à gauche. Continuer par le chemin à gauche et atteindre un embranchement.

**③** Se diriger à droite. Tourner ensuite à droite. Avant la route, s'engager dans une sente qui passe entre des clôtures à droite. À la corne d'un bois, emprunter un chemin se dirigeant vers le nord *(pas de balisage)*. Descendre un talus et suivre une piste menant à la Grande Mare. Après une descente, pénétrer par la rue des Vallées, dans Boissy-le-Cutté.

**④** Couper la route et prendre en face la rue du Maréchal-Foch. Suivre une route à droite. À l'entrée du camping, emprunter à droite la N 191 sur 300 m. S'engager à gauche sur un sentier. À l'orée du bois, tourner à droite. Couper une route. Prendre à gauche sur 150 m. En vue du château d'Orgemont, tourner à droite et poursuivre sur 1,2 km (pas de balisage). Monter à gauche à La Roche-Fortière.

**⑤** Tourner à droite. Traverser un bois. Couper la N 191. Franchir l'Essonne.

**②** Emprunter à gauche l'avenue du Maréchal-Leclerc.

---

**S** **SITUATION**
La Ferté-Alais, à 48 km au sud de Paris par A 6 ou N 7, N 191

**P** **PARKING**
à la gare de la Ferté-Alais

**T** **TRANSPORT**
gare de La Ferté-Alais (RER D, ligne de Malesherbes)

**B** **BALISAGE**
blanc-rouge

---

## À DÉCOUVRIR...

> **En chemin :**
• le rocher du Duc

> **Dans la région :**
• Soisy-sur-Ecole : église ; verrerie d'art.
• Dannemois : église Saint-Mammés, XIIᵉ siècle
• Champcueil : église de l'Assomption, XIIᵉ siècle ; anciennes fermes des Moncelets et de Noisement ; la tour Buisson, XIXᵉ siècle
• Courances : château, parc avec jeux d'eaux, église Saint-Etienne (XIIᵉ siècle), clocher (XVIᵉ siècle)

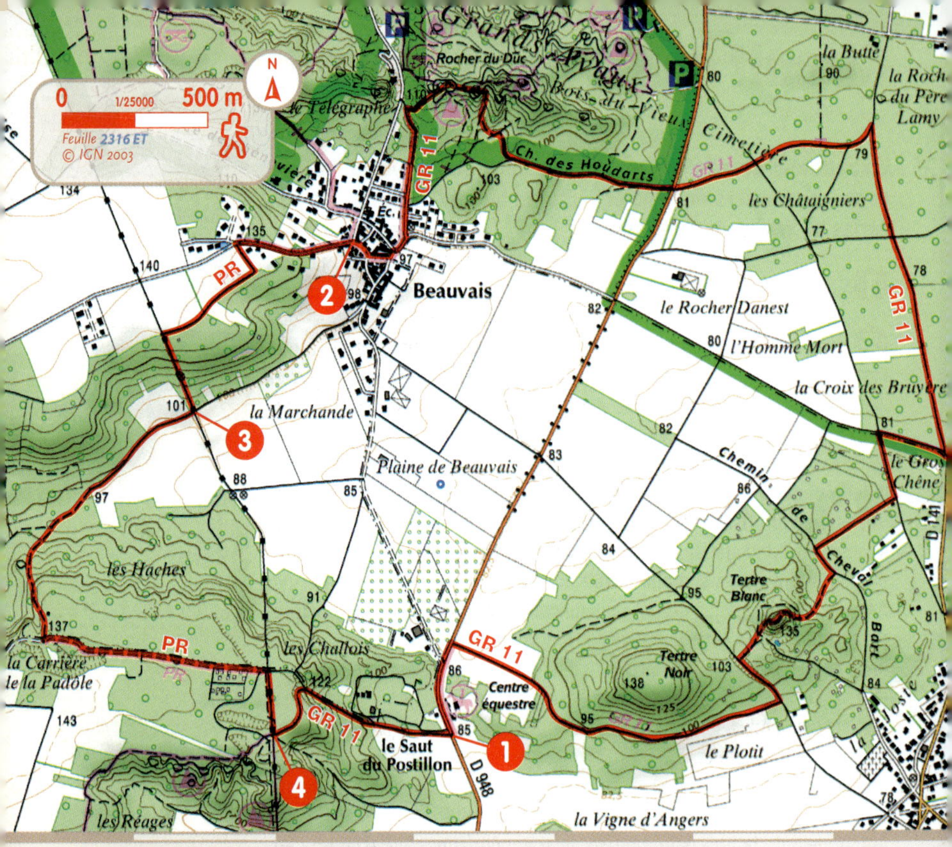

The map at top shows various labels: Rocher du Duc, Grande Plaine, le Télégraphe, GR 11, Beauvais, la Marchande, Plaine de Beauvais, les Haches, les Challois, la Carrière de la Padôle, le Saut du Postillon, Centre équestre, les Réages, la Vigne d'Angers, le Rocher Danest, l'Homme Mort, la Croix des Bruyère, le Gros Chêne, Tertre Blanc, Tertre Noir, le Plotit, la Butte, la Roch du Père Lamy, les Châtaigniers, Ch. des Houdarts, Bois du Vieux, Cimetière, Chemin de Cheval Bart.

Scale: 1/25000 — 0 — 500 m
Feuille 2316 ET
© IGN 2003

# ENVIRONNEMENT
## LES PAVÉS DE PARIS À VIDELLES

PHOTO A.-M. M.

L'une des dernières carrières de pavés de grès taillés à la main, existe encore dans la forêt de Videlles. Ce qui a fait la gloire des grès de la forêt de Fontainebleau n'existe plus qu'au bout de cette piste située à l'est du village de Videlles. En visitant la carrière, on peut encore apercevoir les huttes de bois qui servaient autrefois d'abris aux carriers. Ces magnifiques pavés de 15 x 15 cm environ, ont récemment servi à l'empierrement des côtés de la cour Napoléon du Louvre à Paris. L'architecte Ieo Ming Pei les a choisis pour environner les pavés de granit breton de la cour. Vous les reconnaîtrez, placés le long des façades du palais. Ils sont insensibles au gel et leur coloris beige pâle est assorti à la pierre du Louvre.

# Circuit de Soisy-sur-Ecole

**PR** agréé® **50**

MOYEN

3H • 11KM

**Des rochers à l'aqueduc, en passant par le Saut du Postillon.**

**1** Quitter le parking derrière le restaurant *Le Saut du Postillon* et suivre la D 948 en direction de Corbeil (nord) sur 200 m. Prendre à droite un large chemin qui s'enfonce dans la plaine pour atteindre la corne d'un bois et longe bois et vergers en contournant la base du Tertre Noir. À l'intersection avec un chemin creux, le suivre à gauche. Prendre à droite une piste qui mène au Tertre Blanc, le gravir. Une descente raide conduit à une large allée. Tourner à gauche, puis à droite, encore à gauche et à droite. àun gros chêne près de la D 141, sans prendre la route, tourner à gauche. Avant d'atteindre Nainville-les-Roches, emprunter une allée qui traverse le bois du Vieux-Cimetière. Couper la D 948. Suivre le chemin rural dans la même direction (ouest), puis tourner à droite dans une clairière parsemée de gros châtaigniers. À cet endroit, l'itinéraire devient très sinueux ; bien suivre le balisage à travers un parcours très accidenté qui conduit au fantastique chaos du rocher du Duc dont il faut suivre la crête. Avant d'atteindre une route au nord de Beauvais, tourner à gauche dans le chemin des Postes. Traverser le hameau de Beauvais.

**2** À la place Adeline, emprunter à gauche la rue de la Justice. Tourner à gauche, puis à droite et, 500 m plus loin, descendre à gauche en suivant l'aqueduc.

**3** Au pied de la descente, tourner à droite. Après une large courbe en montée, suivre une route à gauche. Emprunter à nouveau l'aqueduc à droite.

**4** Tourner à gauche, descendre sur la D 948 et le parking du restaurant Saut-du-Postillon.

**S** SITUATION
Soisy-sur-Ecole, à 44 km au sud de Paris par A 6, D 948

**P** PARKING
près du bar-restaurant Saut-du-Postillon

**B** BALISAGE
1 à 2 > blanc-rouge
2 à 4 > jaune
4 à 1 > blanc-rouge

**!** DIFFICULTÉS !
quelques passages rocheux

## À DÉCOUVRIR...

> **En chemin :**
• le rocher du Duc

> **Dans la région :**
• Soisy-sur-Ecole : église ; verrerie d'art.
• Dannemois : église Saint-Mammés, XIIe siècle.
• Champcueil : église de l'Assomption, XIIe siècle anciennes fermes des Moncelets et de Noisement ; la tour Buisson, XIXe siècle
• Courances : château, parc avec jeux d'eaux, église Saint-Etienne (XIIe), clocher (XVIe siècle)

SUR LE TERTRE BLANC / PHOTO O.C.

✔ Les sentiers décrits dans ce topo-guide ont été créés et balisés par les bénévoles des Comités départementaux de la randonnée pédestre, par l'Association des Amis de la Forêt de Fontainebleau et l'AHVOL, et avec l'aide des communes traversées et de l'Office national des Forêts. L'Agence des Espaces Verts de la Région d'Ile-de-France a subventionné ces réalisations. L'entretien est effectué par les Comités départementaux avec l'aide des Conseils généraux.

✔ La description des circuits a été réalisée par les Comités départementaux de la Fédération française de la randonnée pédestre.

✔ Les textes thématiques de découverte du patrimoine de la région ont été rédigés par Anne-Marie Minvielle, exceptés ceux du Val-d'Oise, qui sont de Micheline Martel, et de ceux des pages 54, 59, 85, 86 et 98, qui sont de Jean-Paul Jardel et celui de la page 111 qui est de Gérard Thélier.

✔ Les photographies sont de : Anne-Marie Minvielle (A.-M. M.), Christophe Marcouly (Ch. M.), Patrice Hémond (P. H.), Jean Huet (J. H.), F. Boron, office de tourisme de Jouarre (F. B. / O.T.J.), Marie-France Hélaers (M.-F. H.), Fabrice Cahez (F. C.), Cécile de Courcy / Conseil général du Val-d'Oise (CG95/C. de C.), Comité départemental de la randonnée pédestre du Val d'Oise (CDRP 95), Parc Naturel régional du Vexin français (PNRVF), Eric Dragesco (E. D.), Françoise Huard / Parc naturel régional de la Haute-Vallée de Chevreuse (F. H./PNR H.-V. C.), Yves Engammare (Y. E.), Jean-Michel Eard (J.M.E.), la Communauté de communes du Pays de l'Ourcq (CCPO). Jean-Paul Jardel (J.-P.J.), Christian Pelux (C.P.), Gérard Thélier (G.T.), Patrick Dauphin (P.D.), Jean Ferlier (J.F.), Olivier Cariot (O.C.), Marie-Christine Frot (M.-C.F.), Daniel Viart (D. V.), Michel Billecocq (M.B.), Christian Lavollée (C.L.), le CDT de Seine-et-Marne (CDT 77).

✔ Les illustrations sont de Nathalie Locoste (N.L.) et Pascal Robin (P.R.).

✔ Responsable de production éditoriale : Isabelle Lethiec. Développement et suivi collectivités locales : Patrice Souc. Assistante développement : Emmanuelle Rondineau. Assistante de direction : Sabine Guisguillert. Secrétariat d'édition : Philippe Lambert, Marie Fourmaux. Cartographie : Olivier Cariot, Frédéric Luc. Mise en page et suivi de la fabrication : Jérôme Bazin, Marine Léopold, Laetitia Monfort. Lecture et correction : Marie-France Hélaers, André Gacougnolle, Nathalie Giner, Josette Barberis. Création maquette et design couverture : Média-Sarbacane.

## Des topo-guides® écologiques

L'orchidée qui fleurit sur nos chemins est fragile, puisqu'une espèce sur six est menacée de disparition. Soucieuse de cette nature à préserver, quoi de plus naturel pour la **FFRandonnée** que de s'inscrire dans une démarche de **développement durable** ? Ainsi, tous nos imprimeurs partenaires bénéficient des certifications Imprim'vert et PEFC®, garantie d'une production écologiquement contrôlée des topo-guides® (gestion des déchets par récupérateurs agréés, recyclage, utilisation d'encres à pigments non toxiques, aucun rejet en réseaux d'évacuation publics…).

Le papier utilisé est par ailleurs lui-même certifié, attestant qu'il provient systématiquement de bois issu de forêts gérées durablement.

Photo © N. Vincent.

Achevé d'imprimer en France sur les presses de Corlet Imprimeur (14110 Condé-sur-Noireau) sur papier issu de forêts gérées durablement.

INDEX GÉOGRAPHIQUE